巧用孤独症学生兴趣的20个方法

"给他鲸鱼就好!"

[美]葆拉·克拉思(Paula Kluth)
[美]帕特里克·施瓦茨(Patrick Schwarz) /著

梁志高 梁爽/译

"JUST GIVE HIM THE WHALE!"

20 Ways to Use Fascinations,
Areas of Expertise,
and Strengths to Support Students with Autism

华夏出版社
HUAXIA PUBLISHING HOUSE

献给多多

你教给我们的东西，将会鼓舞更多的人

致谢

感谢所有支持我们完成这个项目的人。我们最应该感谢的还是那些具有无限可能性的学生们，正是他们给了我们克服困难的机会，也正是他们的接纳，让我们学到了很多。作为教育工作者，我们也从许多优秀的年轻人身上学到了很多，这些年轻人包括保罗（Paul）、贾森（Jason）、富兰克林（Franklin）、蒂姆（Tim）、马克（Mark）、杰米（Jamie）、莉比（Libby）、苏珊（Susan）、乔（Joe）、亚当（Adam）、马特（Matt）、亚伦（Aaron）、安德鲁（Andrew）和鲍勃（Bob）。

同时，我们要感谢那些默默支持与付出的人，感谢你们给了我们时间与空间去做我们热爱的事情。感谢托德（Todd）、厄玛（Erma）、薇拉（Willa）、玛丽（Mary）、佩吉（Peggy）、维多利亚（Victoria）、维姬（Vicky）、蒂姆（Tim）、萨拉（Sarah）、鲍勃（Bob）、卡蒂（Katie）、哈利（Haley）。感谢无论在何时都会给予我们支持的朋友和同事，爱丽丝（Alice）、桑迪（Sandy）、布克（Buck）、卡希尔（Kassira）、劳尔（Raul）、塔尼特（Tanita）、霍华德（Howard）、特蕾西

（Tracy）、阿里亚（Aria）、艾琳（Eileen）和凯特琳（Kaitlynn）等。

还要感谢许多孤独症人士：杰米·伯克（Jamie Burke）、泰勒·菲埃（Tyler Fihe）、天宝·格兰丁（Temple Grandin）、肯尼斯·霍尔（Kenneth Hall）、斯蒂芬·辛克尔（Stephen Hinkle）、卢克·杰克逊（Luke Jackson）、温迪·劳森（Wendy Lawson）、尤金·马库斯（Eugene Marcus）、芭芭拉·莫兰（Barbara Moran）、蒂托·穆霍帕德耶（Tito Mukhopadhyay）、杰里·纽波特（Jerry Newport）、贾思敏·李·奥尼尔（Jasmine Lee O'Neill）、苏·鲁宾（Sue Rubin）、詹妮·希伯特（Jenn Seybert）、斯蒂芬·肖尔（Stephen Shore）、丹尼尔·塔米特（Daniel Tammet）、利亚纳·霍利迪·威利（Liane Holliday Willey）和唐娜·威廉姆斯（Donna Williams）。他们通过展示活动、研究以及自传分享自己的故事。透过他们的言辞和分享的经历，我们学会从不同的角度看待自己的学生，欣赏每个学生的独特之处。

贾斯汀·卡尼亚是一位杰出的艺术家，我们很荣幸能以他的作品作为本书英文版封面的底图[①]，在此，我们郑重地表达对他的感谢。作为多年的粉丝，我们非常欣赏甚至崇拜他的作品。当我们邀请他为本书创作一幅画作的时候，他欣然同意，这令我们倍感荣幸。

还要向克里斯托弗和苏珊基金会、奥杜邦学校（特别是苏珊、塞拉以及约翰）以及多多的梦幻支持小组（尤其是戈麦斯女士）表达我们的敬意，没有他们的支持，我们不可能完成这个项目。这些伙伴就是《巧用孤独症学生兴趣的20个方法："给他鲸鱼就好！"》一书背后的动力，他们每天都在以书中的思考方式服务于芝加哥公立学校。

最后，感谢保罗·H.布鲁克斯出版公司的全体同仁，特别感谢丽贝卡·拉佐（Rebecca Lazo），是她肯定了关于多多的鲸鱼成书的价值。

[①] 编注：《巧用孤独症学生兴趣的20个方法："给他鲸鱼就好！"》英文版封面底图出自贾斯汀·卡尼亚，他也是《多多的鲸鱼》一书的插画师。本书中文版封面底图出自宁波的冯忻睿之手。

目录

简介 I

术语解释 I

第 一 章　建立良好的师生关系 001

第 二 章　增加社交机会 009

第 三 章　提升沟通技能和增加沟通机会 015

第 四 章　减少焦虑 021

第 五 章　为融合教育做准备 027

第 六 章　提升班级内的专业氛围 033

第 七 章　促进读写学习 039

第 八 章　安慰学生 045

第 九 章　激发学生的职业信念 051

第 十 章　鼓励冒险 057

第十一章　将学生的兴趣转化为学习内容 063

第十二章　鼓励开展深入的研究 069

第十三章　理解复杂的世界 075

第十四章　让学生展现自己的才能 081

第十五章　给予学生"权力"	085
第十六章　鼓励学生闲聊	091
第十七章　提高学生数学技能和能力	095
第十八章　教授学生礼仪、合作以及表达同情	101
第十九章　鼓励学生成为伟大的人	107
第二十章　让生活更有意义	113
附录　常见的问题	119
推荐阅读	130
译后记	132
关于作者	134
关于译者	136

简介

> 我相信孤独症是自然界的奇迹，并非人类发展过程中的悲剧。在某些情况下，孤独症也可能是一种尚待发掘的天分。
>
> ——贾思敏·李·奥尼尔
> （Jasmine Lee O'Neill）

许多孤独症或阿斯伯格综合征人士会对某个领域或多个领域产生浓厚的兴趣。斯蒂芬·肖尔（Stephen Shore）是一位阿斯伯格综合征人士，他在书中分享自己曾在不同的阶段对不同事物产生兴趣，包括飞机、医药、电子、心理学、地理、手表、天文、化学、计算机、音乐、锁、指压按摩、自行车、机械、硬件、岩石、猫、瑜伽、地震、电、工具、地质学、恐龙和孤独症（Shore, 2001）。

一些孤独症人士有共同的兴趣（如火车、机器、天气和计算机），而另一些人的兴趣却较为独特或很有个性，例如，另一位阿斯伯格综合征人士肖恩·巴伦（Sean Barron），曾经对"24"这个数字很感兴趣，也曾痴迷于"死胡同"（Barron & Barron, 1992）。

学生的教学团队常常试图扼制学生这种兴趣或痴迷，开会讨论并实施行为训练以期控制学生这些不合理的兴趣。在这个过程中，学生甚至没有意识到老师们已经开始想方设法限制或消除他们的兴趣。因此，学生一旦察觉到自己的爱好受到限制，便会感到困惑不安。

女作家利亚纳·霍利迪·威利（Liane Holliday Wiley）和她的女儿一样都是阿斯伯格综合征人士。威利提醒我们应该注意，非孤独症人士评判孤独症人士的兴趣爱好是一种危险的举动。事实上，她认为对某些领域或方面具有强烈兴趣的人应该受到尊重。

> 我不得不思考一个问题，我们是不是与马拉松运动员、公司总裁、鸟类观察家或细数新生儿每次呼吸的父母有所不同？似乎有很多所谓典型神经发育（Neurotypical, NT）的人都有某些令其痴迷的东西。在我看来，痴迷无疑是件好事，因为这本身并非恶习，痴迷需要专注和坚持。我相信艺术家、音乐家、哲学家、科学家、作家、研究人员和运动员必须专注于自己选择的领域，否则他们不可能取得伟大的成就。（p.122, 2001）

与此相似，卢克·杰克逊（Luke Jackson）强烈批判"普通人可以有其痴迷的兴趣，而障碍人士的兴趣却被认为是不合理的"这样的论断。

> 我有一个关于青少年的问题。
> 问：在什么时候，痴迷不是一个问题？
> 答：当谈及足球的时候。

这多么不公平？似乎我们的社会只能接受这样一个事实：男孩或男人理应沉迷于足球，而那些不喜欢足球的即被视为异类，这是多么愚蠢啊！(p.47, 2002)

杰克逊进一步指出，我们的社会对差异过于严苛。

我确信，如果家长带着孩子去看医生，并告诉医生自己的孩子不停地谈论足球，医生会笑着告诉家长，这很正常。似乎我们每个人必须完全相同。可为什么没有人发现，这个世界并非如此。我很乐意大家成天谈论电脑，我不会让他们闭嘴，也不愿意别人让我闭嘴。(pp.47–48, 2002)

我非常赞同威利和杰克逊的观点，教育者应重新定义或理解"痴迷"或"固念"（fascinations）[①]，应将其理解为兴趣或热情，并作为强有力的教育工具，这样老师和学生就会收获更多的满足、平静和成功（Park, 2002）。事实上，学生的兴趣对老师大有裨益，这也是我们编写这本书的原因。

尽管我们认为应该尊重学生的想法，与他们交谈，并尽可能尊重学生的与众不同，但这本书的观点并非来自师生之间的对话，而是来自我们与戈麦斯校长（Ms. Gomez）的对话。戈麦斯女士是芝加哥一所公立学校的校长，这位优秀的领导曾参与一场关于融合教育的会议。我们是这次会议的主办方之一。会议上，倡导者、老师、家长和行政管理人员齐聚一堂，共同制订学校的融合计划，探讨学校该如何关注孤独症学生的需求，戈麦斯校长特别赞同

---

① 编注：经过多方查证，国内并未对"fascinations"做出统一、标准的翻译，因此，本书会在个别地方根据上下文语境将该词统一译为"固念"，但多数会用"特殊兴趣"或"特殊爱好"一词代替。

巧用孤独症学生兴趣的20个方法

这些做法,随即分享了一个故事。

男孩多多有孤独症,入学第一天在教室里哭叫。戈麦斯校长听到哭声后,走进这间教室,发现两名老师正在讨论应对的方法。老师发现,多多尖叫哭闹的原因是老师拿走了他喜欢的鲸鱼玩具,因为老师相信只要没有了引起分心的物品,多多就可以专心学习。助教是一位特殊教育老师,她对此有不同的看法。"你想让多多做什么?"她问道,另一位老师回答:"我想让他做好功课,参与到教学活动中。"助教思考了一会儿,说:"那么,给他鲸鱼就好。"

我们喜欢这个故事,特别是戈麦斯校长告诉我们这件事后,其他孩子开始带鲸鱼玩具的照片给多多,并与他交流,而幼儿园的老师开始将鲸鱼作为教学媒介融入课堂教学活动和教室环境布置中(如阅读鲸鱼的故事,在任务单上使用鲸鱼的标签)。

"给他鲸鱼就好"这个故事成为我们接下来几天的话题。如果学校继续采取这种措施就可以改变学生的学习方式、开发新的课程、设计支持策略。这本书篇幅较短、内容简单,编写这本书的目的是让这个故事流传开来,纪念戈麦斯校长和其他战斗在孤独症教育战线上的朋友、同行,是他们告诉这个世界,人类的多样性对社会和学校都极有价值。兴趣可以限制,同样也可以发挥释放、安抚、激励和培养的作用。书中,我们想与读者交流对孤独症而言十分重要的兴趣和专长领域,而这些兴趣和专长既应该得到尊重和重视,也可以用于孤独症学生的教学、支持和融合。

术语解释

本书中使用的"孤独症"（autism）代表孤独症谱系障碍中的所有类型，包括阿斯伯格综合征、广泛性发展障碍、儿童期瓦解障碍。我们这样做的目的在于明确孤独症人士不都具有相同的特征，标签本身不是精确独立的。另外，我们使用标签这一词而非其他术语，是因为我们想要强调孤独症谱系的分类是主观的、社会性的建构。因此，这个标签是指定给某些人的，并不是真实的。为此，我们认为应该由谱系内的人士自己选择所谓的"标签"，自己决定如何看待孤独症，即认为它是一种障碍、一种特性、一种能力或是一种挑战、天赋，抑或是全或无。

第一章

建立良好的师生关系

第一章 建立良好的师生关系

我们可以通过兴趣爱好来了解一个人。无论你是潜水员还是爱猫达人，都有可能找机会与他人分享自己的"专业领域"。有些人甚至采用更酷的方法"推销"自己的兴趣：利用T恤衫上的图案、车尾贴、手提袋和咖啡杯（例如，"棒球不是万能的，但却是我的一切""我爱米格鲁猎犬""缝纫女王"等）。分享这些信息，可能恰恰是因为我们希望与他人谈论自己感兴趣的话题，或是我们正在寻找志同道合之友，或仅仅想要说明——我很特别。询问学生们的喜好是一种有效的互动策略，因为许多孤独症学生的固念是非同寻常或独一无二的，正如我们的朋友杰克喜欢各种类型的扳手。如果你愿意倾听或学习有关扳手的知识，他可能会对你特别感激。

利用学生的兴趣建立良好师生关系的正确方法就是与学生聊天（如果学生不能正常沟通，则询问其家人）。例如，一位名叫奇普的学生喜欢拖拉机，赖伊老师邀请他一起吃午饭，吃饭时还与他谈论约翰迪尔和凯斯等公司（都是生产农用机械的公司），这让奇普感到很惊讶。这次交谈是奇普上学过程中的一个重大转折点，因为老师们一直将奇普喜爱农用机械这件事视作一种可以容忍的怪癖。奇普虽然从未因为谈论拖拉机而受到惩罚，但常为自己这一爱好感到沮丧，所以，奇普在学校生活中感到失落，常常乞求母亲让自己留在家里。然而，自从接受了赖伊老师的"访谈"之后，奇普特别愿意去学校，而且在赖伊老师的课堂上表现得更加努力。每当赖伊老师鼓励奇普勇敢尝试，他就能严格地控制自己的情绪，给老师留下好的印象。谈到自己的巨大转变，奇普说："我与赖伊老师相处融洽，我们都喜爱拖拉机，能够相互理解。"

依据兴趣或热情，建立良好师生关系的建议

向赖伊老师学习，邀请一名学生共进午餐或上课前一起吃早餐；请学生谈一谈自己的兴趣，并携带相关的图片或实物；准备好想要询问的问题，学习新的知识。

对班上学生的能力、兴趣、技能和天赋展开调查，使用这些信息建立师生、同学之间的联系。使用调查法的前提是，能够满足班级学生的多样化需求。调查过程中可以提开放性的问题（例如：你喜欢哪些事物？），或提供选项清单供学生圈画或在题目下画线（你喜欢参与哪些活动？）。如果学生的沟通能力较差，可以使用沟通设备或为他们提供要求相对较低的选项，例如选择关于特殊兴趣、活动或事情的照片（详见本章末的案例调查）。

将你的个人兴趣带进教室。自我分享是构建班级环境的重要组成部分，展示你自己的兴趣：制作并收集飞机模型、参与飞盘锦标赛或烤披萨，这些都是非常好的方式。有些老师与学生分享一些故事；还有一些老师带来与自己喜好相关的照片，甚至是视频。曾与我们一起共事的一位老师在教室准备了一个粘贴本，通过这种方式详细地展示了自己的热带雨林之旅。班上的学生都很喜欢，并且会在"访客留言"区域写下自己的评论。

第一章　建立良好的师生关系

案例研究

（小学低年级学生）

关于我

画一幅自画像，描绘自己正在做自己感兴趣的事。

```
┌─────────────────────────────────────┐
│                                     │
│                                     │
│                                     │
│                                     │
│                                     │
│                                     │
│                                     │
└─────────────────────────────────────┘
```

你喜欢哪些娱乐活动？

☐ 和朋友一起玩　　☐ 玩电脑游戏

☐ 和宠物一起玩　　☐ 读书

☐ 制作艺术品　　　☐ 骑自行车或户外运动

☐ 体育运动　　　　☐ 其他：_____

你最喜欢学校生活的哪一个部分？

☐ 阅读 / 语言艺术　☐ 体育课 / 健身

☐ 数学　　　　　　☐ 艺术

☐ 社会研究　　　　☐ 音乐

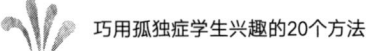

☐ 科学　　　　　　☐ 课间休息

你的才能是什么？（选择一个或多个）

☐ 绘画/艺术　　☐ 分享　　　　☐ 制作小物品
☐ 运动　　　　☐ 照顾小动物　☐ 唱歌/跳舞
☐ 讲故事　　　☐ 收集物品　　☐ 演奏乐器
☐ 交友　　　　☐ 助人　　　　☐ 讲笑话
☐ 烹饪　　　　☐ 装扮　　　　☐ 变魔术
☐ 其他：_____

画一幅画，描绘你在学校的一件趣事。

案例研究

（小学高年级学生和中学生）

关于我

- 哪些词可以最恰当地描述你自己？

- 你有哪些爱好？

- 今年你想学习什么？

- 你最喜欢学校生活中的哪个部分？

● 你在学校里最喜欢做什么？

● 你有哪些才能或者说你最擅长的领域是什么？（例如：练空手道、临时照看孩子、绘画等）

● 除了上述内容，你还想让我了解你的哪些方面？

第二章　增加社交机会

有些学生发现自己在与他人交谈或进行一般的社交互动时，会感到莫名的压力和挑战，但如果互动与自己喜欢的活动或兴趣有关，结果往往出人意料，此时互动会变得游刃有余。举例来说，帕特里克是一名初二的男生，他几乎没有朋友，也很少与同学交谈。直到一天，一名穿着星球大战T恤衫的新同学走进帕特里克的英语班教室，新同学的T恤衫引起了帕特里克的极大兴趣。帕特里克喋喋不休地向这位新同学提出问题，并谈论自己喜欢的电影情节。这位新同学为了结交朋友，便将自己收集的科幻小说纪念册带到教室。最终，他们成了朋友，一起谈论二人的共同兴趣，甚至在午休时组建了一个俱乐部，和同学们一起玩有关科幻影片的电视游戏、棋盘游戏。

我们可以从《以微笑面对阴郁》(*Smiling at Shadows*, Waites & Swinbourne, 2001) 这本书中看到另一个支持"以兴趣激发社交互动"的有力证据。该书讲述了一个澳大利亚家庭真实而温暖的故事。朱妮·韦茨的儿子戴恩有孤独症，她在书中分享了儿子如何通过骑车这一爱好建立起许多有价值的社交互动。起初骑自行车对于戴恩来说仅仅是个人爱好，他与家人一起骑车，骑车占据了他大部分空闲时间。不久之后，他加入了一个骑行俱乐部，开始参加比赛。他发现自己能够通过运动及相关活动建立并维持一个持久的朋友圈。结交朋友曾带给戴恩一些痛苦经历，因此，当他开始加入自行车俱乐部并参与比赛时，家人很自然地为他感到担忧，但家人的这种不安情绪在戴恩第一次参加大赛之后便有所减缓。据戴恩的母亲介绍，这次参赛的经历让戴恩的父亲罗德深感自豪，并难以忘怀。

罗德焦急地看着儿子戴恩骑上山地车。发令枪一响，戴恩出发了，逐渐从视野中消失。随后，其他选手加入比赛，后面的专业选手吸引了观众的注意。

罗德越来越担心儿子戴恩，他焦虑地走来走去，等待着比赛结束。

 巧用孤独症学生兴趣的20个方法

忍不住想：万一戴恩摔倒怎么办？万一他迷路了怎么办？

专业选手首先抵达终点，此时罗德开始等待业余组选手的出现。当从广播中听到业余组选手即将冲刺时，罗德认为戴恩不会那么快抵达终点，但让他感到惊讶的是，戴恩骑着车子迅速地冲向终点。（p.187）

罗德记得儿子在车上，脸上洋溢着笑容。他完成比赛那一瞬间，罗德的眼泪流了下来，接下来的画面也让他感到震惊。赛后，选手聚集到一起畅快地喝着冰镇饮料，戴恩毫不犹豫地加入其中，其他选手一起欢笑着拍着戴恩的肩膀："我们看到你在高速公路上了！"这次经历不仅提升了戴恩的自信，而且给他提供了一个与其他热爱骑行的伙伴顺畅沟通的途径。

以上两个案例很重要，因为人们通常认为孤独症学生不爱交际或对建立社交关系没有兴趣。尽管某些个体喜欢独处，并且常常对社交体验不甚满意，但许多孤独症人士其实非常渴望互动、与人建立关系，只是需要做出一定的调整。有些人需要改变环境才能成功地开展社交（例如，选择较为安静的地方），另一些人可能喜欢在特定活动中进行互动（而不是坐下来面对面地交谈），上文提到的帕特里克和戴恩就喜欢在与自身兴趣相符的活动中与他人建立联系。贾思敏·李·奥尼尔女士有孤独症，她认为任何兴趣都可以作为开展社交的催化剂（1999）。

利用孤独症个体喜欢的事物激发她的兴趣。如果她喜欢音乐，并且喜欢自己哼出曲调，那么音乐就能起到"抛砖引玉"的作用。认为孤独症个体不会与他人建立联系是一种误解，事实上，他们是通过自己的方式与他人进行互动的。（p.83）

人们采用自己的方式与他人沟通，这种观念让我们想起了相识多年的格

洛里女士。格洛里有孤独症,几乎不用语言交流。我们见到她的时候被告知,她对人没有兴趣,唯一的"爱好"就是井盖,但当凯西(格洛里的邻居)开始照顾她时,这种论断便被推翻了。

格洛里最喜欢的休闲方式就是拿着井盖在家附近走来走去。她摇摇晃晃地穿行在城市的各个街区,确定井盖的位置,并在周围悠闲地走着,凯西紧随其后。几个星期后,凯西发现格洛里不单单喜欢安静(因为她发现格洛里做自己喜欢的事情时绝对不会讲话),也开始留意自己需要的社交体验。当她看到凯西急匆匆地穿上凉鞋走过来时,她经常咧嘴大笑。几星期过去了,格洛里开始慢慢走近凯西,甚至开始将注意力引向公园中或周围有趣的景象。凯西同时发现,格洛里似乎是通过走路来获得生活中的平静,这也可能是她获得朋友关注的方式。

唐恩·普林斯·休斯的描述和经历佐证了凯西的推论。休斯女士有孤独症,著有自传《猩猩国里歌声扬》(*Songs of the Gorilla Nation*, Dawn Prince Hughes,2004)。尽管她的家庭与绝大多数典型的佛罗里达家庭一样,会骑自行车穿越湿地、参观肯尼迪航天中心……但令休斯印象最深刻的却是与深爱的母亲漫步林间的情景。

> 我们穿过营地附近的一条小路,发现一片神秘的林间空地。阳光透过头上的绿叶洒到空地上。在静谧的树林间,小路蜿蜒曲折,布满粗砾。我们忘记了交谈,轮流在两棵树之间的树藤上摇晃,一边摇晃,一边开心地大笑。
>
> 我们在那里待了不到20分钟,留下了一段我对母亲最美好的回忆。我认为,在感觉安全的地方,没有对话,安静地独处,使我身边无形的"墙壁"消失,让我与母亲有了更深入的联结。(p.38)

更多基于兴趣和热情，增加社交机会的建议

在学校开展一项关于课外兴趣活动的调查，选项的范围如何？调查中提供的选项是否考虑到学生的不同需求、强项和兴趣，抑或仅仅关注运动、户外活动和学业能力？是否可以创设新的选项以满足学生广泛的需求？询问学生，他们是否有创建社团或组织的想法？

判定学生的强项是否可以传授给他人？是否可以为学生设计结构化的社交机会，从而向他人展示自己所知道的内容？或跟同学们分享一个新的爱好或兴趣？

使用互联网探索新的想法，帮助学生与其他具有同样爱好的人建立联系。实际上，我们很难在学校发现一批学生持续地谈论关于艾诺拉·盖号轰炸机及其机组成员、任务的话题，但每天却有许多军事人员、历史爱好者、飞行爱好者在聊天室或网络论坛里谈论这一话题。

尽管，使用网络时需要教师和家庭成员采取常规的安全预防措施（同时也将这些预防措施传授给学生），但对于那些倾向于采取非直接方式或需要较少使用传统社交技能进行互动的人群来说，网络是一种有效的工具。

第三章

提升沟通技能和增加沟通机会

第三章 提升沟通技能和增加沟通机会

沟通领域的目标通常是教师制订孤独症和阿斯伯格综合征学生教育计划的焦点。个体的问题可能存在于沟通领域的各个范畴，包括语用、语义和语言加工，但无论学习者遇到怎样的困难，爱好都可用于支持新技能的习得和新能力的发展。

例如，戴文是一名八年级的学生，他需要习得如何使用沟通设备，并努力通过沟通设备完成语言治疗师赖斯小姐布置的填空练习作业，根据故事内容回答阅读理解问题。但是，戴文对这项任务的回应较差，每当这个时候，赖斯小姐无法判断戴文是否理解任务要求，是否明白如何使用沟通设备。面对这种情况，赖斯小姐尝试与戴文沟通时事（例如，你知道卡特里娜飓风吗？），但由于戴文的沟通能力有限，在互动过程中，参与度仍然较低。最后，赖斯小姐开始谈论戴文感兴趣的话题：关于怪兽的电影。

戴文特别喜欢《新科学怪人》（Young Frankenstein）这部电影，因此，赖斯小姐将有关这部电影的信息编入沟通设备，然后向戴文展示如何通过输入关键词分享这些信息。在老师的帮助下，戴文漫步校园遇到同伴时，只要他在设备上输入关键词便可以提取这个问题："你知道《新科学怪人》这部电影吗？我可以和你聊一聊这部电影吗？"受益于这些谈话内容（语言治疗师给他更多的机会在真实的情境中与他人互动，而不是在办公室面对治疗师一人进行沟通），戴文立刻对沟通产生了兴趣，并请求赖斯小姐在他的沟通设备中编入更多的信息。此外，戴文的母亲提到，为了增加沟通设备中的信息，他越来越喜欢看关于怪兽题材的电影，特别是从未看过的那些电影。

在融合教室的教学中，兴趣也可以用于增加沟通机会和提升沟通技能。举例来说，佐伊有阿斯伯格综合征，她很害怕在沟通课上发表演讲。阿特金斯老师告诉全班同学，每位同学都要发表一次劝谏性演讲，并学习新的演讲技能，习得如何使用反复、对偶、排比等修辞手法。此时，佐伊变得更加焦虑。当阿特金斯老师意识到佐伊（以及其他同学）对此感到筋疲力尽时，他告诉全班同学，只要达到要求，第一次演讲的题目可以根据自己的意愿做出选择。佐伊对有关南美洲的知识比较感兴趣，因此，她的演讲主题是鼓励同学们去亚马孙旅游。阿特金斯老师用视频记录了演讲全过程，并据此对佐伊具体的演讲技能给予提升建议。佐伊可以反复观看自己的演讲视频（每次观看，她都会对自己演讲中有关野生植物和雨林的介绍感到欣喜）以学习新的能力，并为下一个演讲话题做准备，这个话题虽然并不是她自己选择的，但随着自信的增加，演讲对她而言变得更加容易。

更多基于兴趣和热情，提升沟通技能和增加沟通机会的方法

戴文的故事说明，在发展学生新的辩论型沟通系统时，可利用学生的兴趣点。如果你正在尝试教授新的手语词汇，可以先将这些词汇融入某个与学生兴趣点相符合的故事之中。如果你正在尝试使用一种新的沟通设备，可以将与学生兴趣（例如，火、梯子、发动机和斑点狗）有关的语言编入设备程序之中，并考虑增加一些可能引发学生兴趣或激发其动机的句子（例如，"你家有吊灯吗？""我喜欢交通指示灯。"）。

掌握有关语法、构词和语义技能时，教学设计需要更加有趣，才能更容易激发学生的学习热情。有一位老师，通过在塑料玩具小猪（儿童喜爱的一种玩具）上书写单词以及重新排列字母组成其他单词的方式，让二年级的孤独症学生练习造句。另一名学生则根据老师的要求通过描绘相关的场景、人物、物品或哈利·波特丛书中的事件，解释每周学习的新单词（例如，用魁地奇比赛的画面解释"悬空"这一词语），这种学习方式激发了学生的学习动机。

通过学生的兴趣教授新的语言。象征性语言会让孤独症学生感到困惑不解，因此，最好的办法就是在学生感兴趣的情境中开展教学。如果一名学生无法理解"大发雷霆"的意思，那么可以通过视觉化的方法为他呈现一些他喜欢的卡通形象（例如，兔八哥遇到达菲鸭以后变得很生气，或其他动画片中的人物），这可以让学习变得更加容易。

第四章　减少焦虑

第四章 减少焦虑

孤独症学生凯里面对新环境常常出现问题。当学校调整作息时间或是教室里来了新代课老师时，他通常会放声尖叫、四处乱跑或蜷缩在课桌下，老师尝试使用练习放松技巧、阅读社交故事等方法，给他支持和鼓励，但都不能有效地解决问题。为此，凯里的老师，斯登伯格小姐结合他的兴趣点（007系列电影）提出了新的策略。当凯里出现问题时，她就会说："改变是好事，詹姆斯·邦德的扮演者也在不断改变，肖恩·康纳利、罗杰·摩尔、蒂莫西·道尔顿、皮尔斯·布鲁斯南、丹尼尔·克雷格，每个演员都不比上一个差。"凯里同意这一观点，但在面对改变时还是难以适应。老师教给他一个策略，即根据顺序重复说出邦德扮演者的名字以便控制自身的焦虑（改变是好事，如果没有更好的，新事情的出现也是好事，康纳利、摩尔、道尔顿、布鲁斯南、克雷格）。其他同学也知道这个策略，当凯里面对困境时，他们也会陪他一起使用这一策略。

与此相似，梅森是一名喜欢蟑螂的初中生，深陷社交焦虑。他不喜欢餐厅、公交车、聚会以及其他吵闹混乱和不可预知的环境。对这一问题，他的解决办法就是从不进入这种环境，或发现自己处于这种环境中时，拒绝与其他人进行互动。老师决定使用蟑螂帮助学生在具有挑战性的环境中顺利过渡，不出所料，上述问题真的出现了好转。兰德里老师在商店里发现了可以放在梅森口袋里的塑料玩具蟑螂，用记号笔在蟑螂的背面写上"我可以面对"。老师和梅森一起讨论蟑螂令人难以置信的生存能力，即使是在最恶劣的条件或环境中它们依然可以生存。兰德里老师告诉梅森，蟑螂就是以其惊人的生存能力吸引他人注意的。这节课以及"口袋蟑螂"的使用对梅森在社交情境中的表现产生了重要的影响。

更多基于兴趣和热情，减少焦虑的策略

正如兰德里老师所做的，学生的热情或兴趣可以作为帮助学生渡过难关的一种指引。学生敬佩的某人或喜爱的某种动物、卡通形象，有助于解决学生的问题。举例来说，如果学生喜欢哆啦A梦，那么可以强调哆啦A梦多么勇敢，以引起他尝试新鲜事物的兴趣。如果学生是玛莎·斯图尔特①的粉丝（我们已经遇到不止一位学生喜欢她），你可以强调这一点，即当她的配方失败了，或寒冷的天气冻死了她的植物时，这位精力充沛的执行者、优秀的主妇会优雅地接受改变并迅速做出调整。

面对挑战时（例如，过渡或新的情境），可以给学生提供其感兴趣物品的视觉图像或提示，可以用这些图像装饰学生的橱柜、笔记本或课桌，也可以根据学生的兴趣设计便于携带的物品，例如，钥匙扣或幸运符。

> **小贴士：** 可以通过杂志、网站或联系某些公司获取与学生兴趣相关的物品。例如，有一家加油站得知某位老师正在使用这个公司的标志和产品帮助学生适应教室情境，便给这位老师邮寄了三盒材料。

当学生感到紧张时，教授其如何通过想象自己喜欢的物品保持冷静。可以帮助学生在头脑中构建一种具体的视觉形象，这种形象

---

① 译注：玛莎·斯图尔特（Masha Stewart），美国家喻户晓的"家政女王"。

包括一系列的思维拼图。当学生感到焦虑时，通过回忆这些图像减轻自身的焦虑。首先，你需要与学生充分讨论视觉化的兴趣物，使他或她可以习得如何通过构建图像达到放松的目的。例如，一位名叫劳伦斯的学生说自己是凯蒂·柯丽克[①]的粉丝，他可以通过想象自己正在报道关于凯蒂及其同事的新闻这一情境让自己冷静下来。

---

① 译注：凯蒂·柯丽克（Katie Couric），美国著名主持人、作家。

第五章 为融合教育做准备

第五章 为融合教育做准备

尽管本书中给出的建议有助于教师为孤独症及有其他障碍的学生提供了更多融合的机会,但我们仍想提出一些自己的思考,即利用学生的热情或兴趣达到融合目标的具体事例。斯图尔特是我们学校的一名学生,当我们思考融合和兴趣时,这位学生即刻出现在我们的脑海中。我们发现这名三年级的学生特别崇拜名厨埃默里尔·拉贾斯,以此,我们开始考虑让斯图尔特第一次进入融合教室。由于斯图尔特曾在特殊教育学校度过了四年的时间,融合班级的学生、学习环境以及日常活动对他而言都显得很陌生。我们需要埃默里尔的帮助,以安抚斯图尔特的情绪,激发其学习兴趣,在这种新的经历中给予他教育和支持。计划的最初阶段,我们考虑了多种方法,借助斯图尔特的"偶像"增加其在新学校里的成功体验。首先,我们请几位同学使用印有埃默里尔的图片(对话框中呈现埃默里尔的话:"欢迎来到福尔摩斯学校""三年级的生活很有趣"等等)装饰斯图尔特的橱柜。斯图尔特最近在学习书写草书字母,因此,老师在他的课桌上粘贴了草书字母的参考"范本",并在旁边布置了埃默里尔的图片,图片上同样设计了对话泡,写着"草书写得很棒"。

为了在新一年里给斯图尔特提供更好的教育,斯图尔特的家庭教师阿尔维斯老师决定为他的日程表想一个有创意的名字。上一学年,阿尔维斯老师仅仅把每个小时的活动清单命名为"我们的一天",新的学年她将名称改为"今日事件菜单"。她还收集了一个纸质的厨师帽子,当她需要激发斯图尔特及其他同学的学习动机时,便使用这一道具。

最后,在了解了斯图尔特有多么喜爱烹饪之后(斯图尔特曾经在特殊教育学校接受生存技能培训课程,倾注了大量的时间学习烹饪技能),阿尔维斯老师与三年级的其他教师一起开设了几门课程,在这些课程的学习过程中,学生们可以获得创造性地使用厨房的学习机会。例如,学生们在科学课上除了学习海洋及海洋生物的知识外,还可以向厨师学习如何制作生鱼片;数学课上，在学习了测量知识后，学生们来到咖啡厅与这里的员工一起庆祝，并一起烹饪一顿五道菜的正餐，在制作过程中需要学生们测量烹饪的工具（例如，测量杯子和勺子），运用其他的数学技能，例如，用乘法和除法来测算食材的分量，并据此列出采购清单。

另外一名学生科尔特别喜欢安吉星（通用公司设计并使用的一款汽车安全、通信和问题诊断系统）。与阿尔维斯老师一样，科尔的老师了解学生的需求，并利用学生的兴趣点保持其在融合教室中的舒适感。科尔在课堂上需要帮助时，经常假装使用电话连接安吉星系统。他的老师决定设置一个公用电话亭，供全班同学在做选择时使用。在公用电话亭里的学生，使用互联网和参考书回答班上同学提出的问题。科尔善于使用地图，空间定位是他的强项。相比于其他形式，他更喜欢在安吉星电话亭里完成任务，他喜欢探究同学的家庭住址。老师如果想要引起科尔的注意，便使用"安吉星语音"让他感觉像在家一样。老师也发现通过采用类似机器人一样的音调更容易吸引科尔的注意力。

第五章　为融合教育做准备

更多基于兴趣和热情，为融合做准备的建议

正如阿尔维斯老师所做的那样，我们应该考虑创设与学生兴趣领域相关的班级主题。如果学生喜欢玩过山车，课桌可以是"车厢"，作业可以在"售票窗口"分发，每周的班级规则可以通过播放录音（如"103号教室的成员们请注意，为确保您的安全和舒适，请牢记班级的规则"）的形式公布，而不是采取贴通知的形式。

改变教室的环境布置或学生个人的空间布置，以反映其兴趣点；在学生的课桌或柜子上粘贴贴纸，设置临时的公告栏或张贴手抄报以展示学生各种各样的兴趣。

扩大教学材料的使用范围，探索如何有效地使用材料、道具以及教材来呈现学生的兴趣物。例如，书写工具（印有米老鼠图案的铅笔）、视觉提示（米老鼠图案表示水循环）或数学教具（印有米老鼠图案的多米诺骨牌）是否能激发学生的学习热情？

第六章 提升班级内的专业氛围

第六章 提升班级内的专业氛围

孤独症学生常常会抱怨，自己因谈论或分享感兴趣的领域而受到他人的责备（Barron & Barron, 1992; Jackson, 2002; B. Moran, 私人访谈, 2005; Tammet, 2007）。试想一下，如果我们不仅仅是邀请学生分享自己的兴趣，而是让他们成为这些领域的专家或小老师，这能否改变他们的态度和想法？

麦伦有孤独症，她非常喜欢火车。她的中学老师采用一种称为"配对游戏"（Udvari-Solner, Kluth）的积极学习技巧来展现麦伦的才能。在交通与科技这一单元的教学中，麦伦设计出一套卡片，包括与火车相关的概念、词汇和术语，而在另一套卡片上，她写出了相应的定义。例如，一张卡片上写着"轨道"这一短语，而另一张卡片上则写着这个短语相应的定义（用条形钢材铺成的供火车行驶的路线）。大多数情况下，这些词语或短语对学生来说都是陌生的，而他们必须找到相匹配的卡片，学生们因此在学习新词语的过程中发现了乐趣，同时麦伦在这个领域的专业知识也给同学们留下了深刻的印象。老师向我们介绍，在开始这种匹配游戏之前，班上从没有哪位同学会向麦伦寻求帮助或询问信息，自从有了这一游戏活动，情况发生了转变，学生们改变了对麦伦的认识，这种改变给了麦伦分享更多信息的勇气。此外，班上所有的学生都对这项游戏活动产生了兴趣，非常迫切地希望可以设计出一套卡片。

为了让学生在班级里成为某一个领域的专家，老师还可以组织开展某些活动或练习，在这些活动或练习中要求学生尽自己所能分享自己的知识，并享受这一过程。我和同事们曾使用过一种分类广告宣传的方法，让同学们写一份广告，说明自己可以提供哪些服务或具备哪一个领域的专业知识和技能（例如，剪贴、组织、数学补习或讲笑话）。此外，每名学生都需要写一则"求助信"，针对自己想要获得的技能或想要提升的能力，寻求他人的帮助（表1分别呈现了广告和分类广告的例子）。学生们可能会寻求或提供任何类型的帮助——从设计折纸到练习数学题再到玩绳球。设计并发起这项活动后，学生们主动分享或向他人求教的积极性和热情让老师们感到惊讶。七年级的一位老师采用分类广告这种方法时惊喜地发现,班级里 26 名学生中有 9 名学生主动向一名孤独症学生学习割草机的维护技巧。

表 1　学生的分类广告范例

姓名:雷德

寻求帮助	分类广告
我期待得到以下帮助:	我可以提供以下帮助:
▷　寻找课后兴趣班	▷　整理橱柜
▷　进一步学习西班牙语	▷　整理书桌
▷　学习俚语	▷　制定日程提醒清单
	▷　学习有关北美爬行动物的知识
	▷　制作有关蛇类的小册子

最后,提升专业技能和知识还会让学生们更多地发现同伴的优点,加深对彼此的了解。这让我们回忆起与马特相处的那些愉快的日子。马特是一名中学生,他特别喜欢绘制地图、看地图和解释地图上的信息。家访时,我们看到了他的地图作品,清晰的细节描述和丰富的创造力让我们惊讶。然而,马特的老师并不知道他在地图绘制方面的惊人才能。我们建议老师给予马特在班级展示自己才能的机会,他的老师欣然接受了我们的建议。老师们决定在教室和校园内展出马特的地图作品,如果条件允许,还会请马特向同学们传授绘制地图的技巧。展览开始的第一周,马特就向同学们讲解了经纬度以及地图比例尺的概念。

更多基于兴趣和热情，提升班级内专业氛围的建议

教师可以通过在全班范围内讨论或要求学生上交个人作品来了解学生的特长和兴趣爱好（例如，制作主题为"我可以做的事情"或"我的兴趣"的手抄报），并公布这些信息，提醒学生们可以据此相互帮助、相互学习。

教师应该确保在现有的课程体系范围内为学生们提供足够的机会来展示自己的兴趣爱好，或根据学生们所具备的专业知识和技能开展团队练习活动。无论你执教于一年级还是高中三年级，常规的团队建设活动将会促进学生之间的关系，便于学生之间的相互协作与支持。在要求学生讲述关于某位英雄的故事之前，应该先让学生分享自己心目中的英雄。如果学生对探险小说比较痴迷，可以问他，如果自己参与探险活动，应该准备什么（如，"如果你去探险，你会选择携带哪些物品？"）。学生分享这些信息之后，你就可以进一步了解学生的所知所感，也更容易培养他们相互协作的能力。

创造机会供你的学生"宣传"自己的特长和兴趣。在幼儿园阶段，许多老师都会开展"本周最佳学生"的评选，但随着年级的升高，这项活动逐渐被取消。通过多种手段或途径突出每位学生的成就和特点，可以让教师清楚地意识到所有学生都有独特的兴趣或擅长的领域。

第七章
促进读写学习

第七章 促进读写学习

利亚纳·霍利迪·威利女士有阿斯伯格综合征，她在自己的书[①]中分享了自己对于19世纪美国西部生活的独特兴趣，而这种独特的兴趣促使她在童年时期不断地阅读、探索和学习。威利骑着没有安装马鞍的骏马（美国原住民的习惯），戴着牛仔帽（那顶帽子是她用第一次做保姆的收入买的），查阅家谱，迫切地想要知道她自己是否与臭名昭著的大盗霍利迪同属本宗。此外，她还会阅读、编写、观看和聆听与自己兴趣相关的信息。

> 不看电视上播放的电影时，我会看自己收集的大量电影杂志或相关书籍。我经常翻阅关于牛仔、火车劫匪、美国原住民、西部开拓者和定居者的虚构或非虚构类图书。（1999, p.40）

威利还分享了其他一些经历，例如，她在档案馆寻找关于安妮·奥克莉和西廷·布尔[②]的书籍，反复播放西部电影录音带，以及当老师让她专心于新的话题时，她与老师之间的争论（老师告诉她，她应该阅读图书馆中所有关于西部人物的书籍，并把这项任务作为自己的目标）。

威利的老师不厌其烦地要求她探索新的话题，这完全可以理解。通常，教育者都希望自己的学生在学习阅读和其他新的读写技能时，能选择更广泛的学习材料和读本。然而，如果学生仅仅专注于某几个主题，老师可能会在选择读本、开展相关活动时给予这些学生一定的自由，因为许多人在更深层

[①] 编注：《故作正常：与阿斯伯格综合征和平共处》（*Pretending to be Normal: Living with Asperger's Syndrome*），[美]利亚纳·霍利迪·威利著，朱宏璐译，华夏出版社，2017。

[②] 译注：安妮·奥克莉（Annie Oakley，1860~1926），美国知名的女枪手，因其精准的枪技，美国人把门票上打的洞眼称为安妮·奥克莉，后来成为各种票券的代称。西廷·布尔（Sitting Bull，1834~1890），北美印第安人部落首领，曾领导印第安人反抗白人入侵。

地追求自己所喜爱的特殊领域时，学业方面也会得到提升。

杰姆在数周的时间里只阅读有关啮齿动物的书籍。他的老师穆勒先生（他的确希望杰姆扩大自己的阅读范围）并没有强迫他放弃感兴趣的领域，而是给予杰姆充裕的时间对有关啮齿动物的材料开展深度调查。在六周的时间里，穆勒老师并没有让杰姆在阅读书单中添加新的主题，关注其他读写能力目标。尽管杰姆在这个教学单元中没有学习到新的文学体裁，但穆勒老师教会他如何流畅地阅读、理解说明文，并习得新的词汇。此外，由于老师允许杰姆开展调查研究，因此，他在教室中感觉很舒服，没有焦虑感，和老师相处融洽。当穆勒老师要求杰姆阅读《柳林风声》这本书（下个教学单元所需的阅读材料）的时候，杰姆欣然接受。

特雷不说话，喜欢马，学习较为积极，我们尝试用相似的方法对特雷进行教育。为特雷制订课程计划是一件极具挑战的事情，因为特雷不愿意参与班级活动，他似乎对软件编程、教材、练习册、游戏以及手工制作都没有兴趣，只喜欢摆弄马的雕像。

为了劝说特雷参与班级活动，我们给他购买了关于马的杂志。我们希望他可以在课间休息或完成家庭作业之后阅读这些杂志，但当我们向他展示这些杂志的时候，他并不满足于仅仅在课间休息时阅读，而是希望随时都可以阅读。每当进入教室，他都会从课桌里翻出这些杂志，即使是在课上他也会仔细研究杂志上的内容。虽然此刻我们没有让他接受一般的课程内容，但我们取得了小小的成功，即他开始阅读读写材料了，并且能够与其他人分享这些材料。我们尝试给他阅读一些有配图的故事，他也慢慢地接受了我们的这一举动。

特雷的教学团队还是希望能够劝说他参与读写活动和班级的其他活动。接下来，老师打算使用杂志上的图片编制班级读本。我们根据马的图片（主题是交通，所以我们裁剪了马拉车的图片和人骑马的图片）制作了社交学习读本。此外，我们还从课程中选取了部分词汇，编写了关于马的小短文，编制了一本阅读读本。我们还在基础读本以及教室那些学生喜欢的物品上粘贴了照片，甚至在《丹尼和恐龙》《石头汤》《啵：极地动物》等书籍中添加了"小型马"这一角色。对于所有学生而言，这些做法十分有趣，每当他们看到一匹马站在一群企鹅中间时，总会被逗乐。事实证明，这样改变阅读材料是成功的，特雷能够在课上安静地与同学们坐在一起。当他感到不安时，能够通过快速翻阅自己的书来调整自己，还能通过与老师、同学一起阅读或重温喜爱的书籍学习新的词汇和概念。

更多基于兴趣和热情，促进读写学习的建议

寻找与学生兴趣相关的阅读材料，包括纪实小说、科幻小说、诗歌、书目、宣传册以及其他任何能够激发学生兴趣的材料。有一点需要谨记，某些学生感兴趣的阅读材料可能对于我们大多数人来说并不有趣或有意义。例如，电话本、操作手册、燕麦盒子或邮件宣传品。我有一位学生，他就喜欢阅读银行对账单背面的小字和信用卡申请书。

要求学生写出自己的兴趣，让其他同学有所了解。有些学生甚至能够编写出与自己兴趣领域有关的儿童读物、操作手册或连环画；有些学生可以写出诗歌，例如，尝试写三句半、打油诗甚至是五言绝句。

可以把学生喜欢的角色或物品融入阅读材料。我们的一位学生，只有允许他使用犰狳玩偶大声朗读，他才会参与文学小组的活动。另一位学生是奥普拉脱口秀的忠实粉丝，他回答阅读理解题目的前提是老师允许他坐在"模拟奥普拉场景"中，为此老师在教室内布置了相应场景。如果我们以采访的态度提问（使用充气麦克风），他不仅会回答我们提出的问题，而且还会要求我们提更多的问题。

第八章　安慰学生

第八章 安慰学生

有些老师理解学生自身兴趣在教育中的重要性，也能考虑到尽可能降低学生在生活中的焦虑情绪。这样的老师大多会尝试在学生出现焦虑情绪或遇到困难时利用他们的兴趣解决问题。相反，大部分老师会以警告和说明后果的方式来处理这些问题。面对学生出现的问题，我们可以为学生提供机会让他们接近自己感兴趣的物品，这种策略不仅可以让学生的生活变得轻松，老师也可以更为平和地掌控每天的工作流程。

吉米是一位刚转来的二年级学生，性格内向，学校生活中出现的任何突如其来的变化或转换都令他感到不安，教室内的位置变化（例如把课桌搬到阅读角）尤其会引起吉米的焦虑。吉米经历了艰难的两周后，理查德老师考虑到吉米无法忍受现有的教室环境，决定大幅度地调整教室的环境。因为吉米喜欢食品连锁店广告中吉娃娃的卡通形象，老师决定使用这种小狗的形象布置教室。理查德老师来到连锁店向工作人员要了一些餐具垫，以餐具垫为视觉提示，告知吉米在阅读角的座位以及集体活动时的座位。她还为吉米准备了吉娃娃的毛绒玩具，以便在他焦虑或需要获得支持时拿出来。

另一位老师库妮发现自己的学生玛丽在消防演习时经常出现行为问题（包括尖叫、咬自己，有时会咬其他人）。库妮老师利用玛丽的兴趣缓解其焦虑情绪。演习开始之前，校长通常会告诉玛丽接下来要发生什么事情，让她有所准备，库妮老师给玛丽听佩茜·克莱恩的唱片直到演习开始。当警报响起时，库妮老师让玛丽站在队伍的最前面，在学生们向指定的突发事件应急避难地点前进的过程中，库妮老师会唱《午夜漫步》这首歌给玛丽听。这些都是玛丽所需要的支持，这种策略使得玛丽可以安静并迅速地在老师的陪伴下走出教学楼。

这些故事说明，理查德老师和库妮老师意识到兴趣和热情能为学生提供安全感，提升自信心，同时也是一种陪伴。我们大多数人可以理解泰迪熊对幼儿的重要性，但是却很少会考虑到兴趣物或兴趣点可以为成人（不仅仅是孤独症谱系障碍人群）带来安慰。我们认识一位朋友，当她感觉到情绪低落时会读《飘》这本小说；另一位朋友随身携带"猫头鹰护身符"，因为他害怕坐飞机，所以乘坐飞机时一定会携带这个护身符。让我们换位思考一下，想一想自己是不是也经常以某种喜欢的物品作为安慰物，也许我们可以为学生们提供更多的支持。

更多基于兴趣和热情，安慰学生的建议

允许学生在感到焦虑或遇到困难时用自己最爱的某样物品作为一种"安慰"。老师也可以在学校某处设置具有安慰作用的区域或空间，在那里学生可以放松心情、得到自己想要的材料或参与自己喜欢的活动。我认识的一位老师，允许孤独症学生带一个玩具企鹅到学校，并将这个玩具放在教室后面的储物柜中。一旦这名学生出现情绪问题，老师会把玩具给这位学生作为一种安慰。

提醒教职工在学生出现问题行为时立即使用兴趣物。如果学生感到不安或情绪低落，老师通过交谈或歌唱的方式提及学生感兴趣的事情，同时也可以展示照片，仅仅提醒学生集中注意力或想想自己感兴趣的事情，都将有助于平复学生的情绪。

有时，将学生的兴趣或喜好融入行为计划有助于解决学生的问题。我们不妨去思考如何利用学生的独特兴趣来阻止他们的问题行为、缓解其焦虑或紧张的情绪。特别要提醒的是，通过将学生喜欢的材料或活动与日常生活联系起来，可以找到有效的途径。

第九章 激发学生的职业信念

第九章 激发学生的职业信念

回想一下，在学生时代，我们会学习各种各样必备的学科知识。进入高中之后，这种广泛性的尝试逐步转向关注自己的兴趣，为探索未来的职业做准备。孤独症人士同样具备这种选择的自由。对于某种事物的热情可以促使个人遵循自己的意愿探索职业道路。

埃里克对消防车十分感兴趣。无论在哪里，只要看到消防车他都会兴奋得大笑，并想尽办法观察消防车（有时候他会跟着消防车跑几个街区）。埃里克的老师很有远见，他注意到埃里克看到消防车时的喜悦，便将消防车作为一种教学媒介引入到埃里克的日常教学之中。老师为埃里克提供机会到消防队去实习，并将这次实习作为服务性学习课程的一部分，也可以获得相应的学分。埃里克在实习过程中需要完成一些任务，包括冲洗消防车、清洗地板和协助准备食物。埃里克的同事们认为他是一位得力的小助手，遇事冷静、遵从指令、谨慎行事、整洁得体（这些特征都是消防队工作人员必备的素质）。

兴趣与未来职业相联系是知名孤独症人士天宝·格兰丁女士所倡导的一种理念。格兰丁是一位著名的保定栏设计专家。她在书中提到了自己的科学老师卡洛克先生，正是有了这位老师的鼓励，她才开始追求自己的职业理想和研究领域（Grandin, 1995）[1]。格兰丁在书中分享了自己的经历，卡洛克老师极富创造力，他利用天宝对牲畜水槽的兴趣激励她学习心理学和科学。如今，格兰丁的足迹遍布全美甚至全世界，为大型肉类加工厂设计牲畜饲养场和动物饮水槽。她已经成为这一领域公认的领军人物，并且撰写了大量关于牲畜处理方面极富技术性和科学性的文章。

另外一位著名的传记作者唐恩·普林斯·休斯对大猩猩十分感兴趣，这种兴趣从少年时期开始，并一直伴随她成长（Hughes, 2004）。她发现自己的

---

[1] 编注：参见《用图像思考：与孤独症共生》（*Thinking in Pictures: My Life with Autism*），[美]天宝·格兰丁著，范玮译，2014年，华夏出版社。

兴趣不但对自身感受有益（逛动物园会让她感到放松，受到鼓舞），而且对自己的专业发展同样有益。究其原因在于休斯具备一种令人惊奇的本领，她能理解这些动物的行为、情感以及关系。她参与的相关项目搞得有声有色，这些项目同时给予她研究和教授他人的机会。如今，她已成为人类学家、灵长类动物学家，并在大学担任人种学家以及研究灵长类动物教授。

第九章　激发学生的职业信念

更多基于兴趣和热情，激发学生职业信念的建议

　　围绕学生的兴趣领域，给他们布置研究各种职业的学习任务。例如，如果某位学生酷爱电脑，那么，将会有上百种工作可以探索，包括软件开发员、工程师、信息系统管理员、统计员、游戏测试员、售货员、行政助理、网页设计员甚至是电影编剧。学生们会发现，大部分的兴趣领域都会有一些相关的工作。无论学生的兴趣领域多么不同寻常，这种学习任务是一种非常有益的练习。即使与大炮相关的工作相对较少（可能没有上百种），也还是会有一些选择，例如在剧院工作，参与内战题材的剧作表演，也可以学习大炮的保养和维修。表2是一份和"狗"相关的职业清单，这份清单是教学团队为一位特别喜欢宠物（特别是狗）的学生制定的。这样的表有助于与学生开展对话，谈论某位学生的未来职业目标。

　　如果课程允许，可以邀请各行各业的人来到你的教室，既可以包括常规职业（例如，警官）也可以是不同寻常的职业（例如，昆虫学家），特别是那些与你的学生兴趣相关的。你也可以请这些客人谈一谈，自己童年或少年时期的兴趣如何引导他们选择自己的职业。

　　在转衔计划的制订过程中，学生的兴趣是一种有效的工具。从中学开始，将学生的能力、优势和兴趣作为提供支持的核心，为其制订计划，畅想未来。

表 2 和"狗"相关的职业

动物行为分析师

动物管理部门的官员

动物救济站工作人员

宠物狗旅馆工作人员

创意工艺品制作师（例如，宠物狗玩具、食物或与宠物相关的礼物）

宠物狗训练员

狗粮和宠物饰品店的职员

宠物狗表演的管理者

宠物狗表演的裁判

宠物狗表演的监督员

宠物狗照料员

驯狗师

遛狗师

宠物美容师

警犬部队的军人或警察

专业的野外考察人员（为参与野外考察的狗提供培训）

兽医办公室的前台接待员

宠物或宠物狗相关机构的职员（例如，全美宠物狗旅馆俱乐部）

兽医

兽医学研究人员

兽医技术人员或助理

作家（宠物狗杂志）

第十章 鼓励冒险

第十章 鼓励冒险

我们的生活中不时会出现危险。回想一下当初你学习骑自行车的经历，还记得当时你的父母拆下辅助轮，让你独自骑车的情景吗？你是不是害怕从自行车上掉下来？第一次尝试骑车，你可能会摔下来，父母之所以冒险让你尝试独立骑车，是因为如此你才会发现自身的能力。

孤独症学生时常由于受到不必要的保护，或仅仅因为他们的障碍就与机会失之交臂，这使得孤独症群体很容易受到他人的歧视。小学生费尔南多有孤独症，住在芝加哥地区，他很喜欢篮球。他在房间里贴满了篮球运动的海报，学校课桌里也塞满了篮球卡片。他几乎每天都穿运动衫和运动主题的T恤，经常在公园打篮球。他最喜欢的球队是芝加哥公牛队，最喜欢的篮球运动员是迈克尔·乔丹。

五年级的暑假，费尔南多申请并成功加入迈克尔·乔丹的篮球夏令营。然而，学校里有人质疑费尔南多的能力，"费尔南多在夏令营可以做什么？""与那些具有竞争意识的篮球运动员在一起打球，费尔南多安全吗？""让费尔南多参加身心障碍人士夏令营对他会不会更好？"然而，费尔南多的母亲没有理会这些质疑，决定迎接挑战。

这次夏令营让费尔南多终生获益，他不仅从中获得了许多人的支持（特别是他母亲），而且满足了自己对篮球的热爱。参加这个著名的篮球夏令营令他十分兴奋，夏令营期间，他积极参与所有的训练和练习活动，打篮球的能力得到了提升，还见到了自己的偶像迈克尔·乔丹并合影留念。当然，参加夏令营也遇到了一些特殊状况，可人生中令人欣喜之事不都是如此吗？这让费尔南多认识到想取得任何成就都得冒险。

另外一位母亲也意识到了这一点，孩子的兴趣会激发他们的学习热情和冒险意识。卡拉的双胞胎儿子都有孤独症。这位母亲曾因孩子们过分喜爱青蛙感到沮丧。两个孩子会因为抓青蛙发生争抢，这是卡拉最担心的问题。每当双胞胎中仅有一个抓住青蛙时，另一个就会大哭大闹。然而，当卡拉突然意识到自己的儿子竟然可以徒手触碰青蛙时，她的沮丧情绪随之消失了。卡拉在自己的博客上谈起自己成为孩子们家庭教师的经历时说，她的双胞胎从前甚至不会触碰正在清洗的湿衣服，但现在他们却在摸蟾蜍和青蛙。不仅仅是触碰青蛙，而且是抓住了青蛙！这种经历不仅让孩子们体验了"触觉刺激"，也激发了全家人的学习热情。卡拉写道："这太不可思议了！目前为止，我们发现常见的蟾蜍、青蛙、蛞蝓、蟋蟀都是孩子们喜欢的东西。"

当我们面对孤独症学生的时候，需要谨记：尽管安全、保护和可预期很重要，但是新奇和冒险同样重要。作为老师，如果你在考虑为学生提供一种全新的体验，无论是择校（融合班）还是一次社交活动（第一次约会），或是一个新的社区或娱乐的机会（参加运动队），利用学生的兴趣对促成他们获得这些体验大有裨益。

更多基于兴趣和热情，鼓励学生冒险的建议

借助学生感兴趣的活动帮助学生投入新的行为或体验中。如果班级实践活动是参观航空博物馆，那么，一个通常不愿问路的学生却可能会乐意询问"雄猫"截击机的展台在哪里。

试想一下，你的学生在课堂上或在这一学年中将会在哪些情况下遇到挑战？（比如，在全班同学面前演讲时，在课间休息期间邀请一位朋友一起做游戏时）。然后，通过头脑风暴的方式，提前想出若干种与学生的兴趣领域相联系的方法，减少不良的影响或将这些挑战转变为愉快的经历。

对于需要不断地催促才会尝试新事物或进入未知领域的学生，老师可以为其准备一个兴趣物宝囊，学生可以利用它体验新的事物。这个宝囊里面可以装一些与学习者兴趣相关的物品（护身符、玩具、特殊物体）、写有鼓励话语的卡片（比如："你能行！"），或是写有他/她曾经成功完成挑战的短故事。我们从一位叫作李的学生那里得到了这个好想法。李特别喜欢旅行拖车，在老师的办公桌里，有一个为他准备的宝囊。在遇到任何挑战或冒险性质的情境中均可以使用这个宝囊，而李通常会在学校举办的拼写比赛时使用这个宝囊。宝囊里装有一块印着"尝试"二字的光滑石头，一个他最喜欢的旅行折叠帐篷房车的钥匙扣以及几张房车的杂志照片。

第十一章

将学生的兴趣转化为学习内容

第十一章 将学生的兴趣转化为学习内容

在日常教育教学中，学生们有自身独特的兴趣。有的学生哈韩，有些学生喜欢吸尘器、螺丝刀、篱笆、小鸡、007、停止路标、教堂、风向标、三角形、远程遥控、龙和篮球……无论这些兴趣在你眼中有多么的难以理解或是多么的异乎寻常，它们都可以作为课程的一部分。例如，一位名叫弗雷迪的学生酷爱日历，他之所以有这样的兴趣，在一定程度上是因为在过去的6年间，班级里的所有同学，无论年龄大小，都在参与每天的日历阅读练习。因此，当我们与弗雷迪接触之初，他最喜欢的活动就是研究一年的12个月以及回答各种关于节假日、纪念日（国庆节、劳动节、元旦）的问题。

尽管弗雷迪对于日历的兴趣并没有影响他的学习，但也没有起到任何促进作用。为了强化弗雷迪所学的知识并挑战其他六年级的学生，我们设计了一个适合高年级学生的日历活动。班级里所有学生都知道一周有几天、一年有几个月，却没有人知道12月7日是珍珠港轰炸事件的纪念日，也没人知道春分日的具体日期每年都不同。老师们将学生分为几个教学小组，共同探索历史、科学、文学和数学史上的重要日期。每天早晨，弗雷迪负责向同学们播报"历史上的今天"。包括弗雷迪在内的所有学生都学到了新的知识，而将有关日历的活动与他每天的课程相结合让弗雷迪感到兴奋。

除了了解学生的知识基础，老师们还应该关注特殊的技能领域。在卡莎-亨德里克森和克拉思（Kasa-Hendrickson & Kluth, 2005）对融合教师开展的一项研究中，一位名叫霍尔德的老师利用学生的某项技能作为开展社交研究学习的一种工具。

> 我想让她意识到可以凭借自己的能力做成某件事。于是，我问自己："珊特尔可以独自完成哪些任务？"答案是拼图，她非常善于拼图。我知道有位老师有地图磁力拼图，便向他借用。珊特尔需要利用拼图学习有关欧洲的知识，对她来说拥有学习体验很重要，而我则可以将她擅长的

事情与教学内容相结合。

霍尔德老师不仅可以在课堂上找出时间让珊特尔玩她最爱的拼图，还发现了一种创造性的方式，利用学习者已掌握的技能学习更为复杂的内容。

如果天宝·格兰丁听说了霍尔德老师的教学决策，很有可能会拍手叫好(2006)。天宝曾希望自己的老师能够理解学生的痴迷和课程内容之间的联系。青少年时期的天宝对推拉门产生了固念。成年后，她在回顾如何利用兴趣提升其受教育水平时说："如果我的老师让我学习控制门开关电动盒的工作原理，也许我一下子就会扎到电子学中了。"痴迷是强有力的刺激物，可以激发学生的兴趣。天宝还进一步分享道："老师们应该利用学生的痴迷来激发学生的学习动机，而不是阻碍学生探索兴趣。"天宝的想法与我们经常同教师们分享的论点相似，即"不要限制学生的兴趣，而应该充分地利用它！"

第十一章　将学生的兴趣转化为学习内容

更多基于兴趣或热情，将兴趣转化为学习内容的建议

在教学大纲中寻找可以与学生兴趣相结合之处。如果学生喜欢吸尘器，可以在讲授"发明"这一单元时与之相连；如果学生喜欢海豚，可以在教授有关栖息地和海洋生物相关知识时，展开相关讨论；如果学生非常欣赏夏洛克·福尔摩斯，那么这一主题不仅可以在阅读或语文课上，还可以在研究推论、问题解决或文学形式时进一步展开讨论。

根据学习者所在年级的教学要求，决定如何利用学生的兴趣对教学大纲进行调整以适应学生的需求。例如，一位美国历史老师以动画片《超级朋友》中的人物进行类比，教授教学大纲规定的"美国的国际关系及其在国际组织中的地位"这一内容。通过呈现视觉支持，比较潜水侠、神奇双胞胎、超人和正义联盟之间的关系，学生能够理解甚至可以解释出美国在联合国中发挥的作用。老师应该不断思考，如何通过这样的类比，使大纲中的内容更具体、更易懂。

考虑如何调整自己的教学以迎合学生具体的特长、爱好。作为老师，当你正在尝试强调某个知识点或发出指令时，是否可以发挥自身的幽默感使之与某个学生喜欢的人物、地点或事物联系起来？你是否可以在课堂教学或全班讨论的活动中利用学生的兴趣？（例如，一辆汽车和动车从两个不同的地点同时发车……）

第十二章 鼓励开展深入的研究

第十二章　鼓励开展深入的研究

有的孤独症学生需要独处的时间，独立完成某些任务；还有的孤独症学生，只要给予他们潜心研究自己感兴趣主题的机会，他们就会获得成功。对于这两类孤独症学生，研究项目是一种比较理想的学习活动。许多学生都热衷于潜心发掘自己所痴迷的领域，这样不仅可以获得学业上的成绩，也可以满足自身的好奇心。唐娜·威廉姆斯女士有孤独症，她发现如果自己的能力获得喜欢的老师的认可，且自己被允许深入研究特殊的兴趣领域时，她就可以取得学业上的成功（1992）。

> 尽管有些老师认为我是一个"恶魔"，但这位老师却觉得我聪慧、幽默，是个让老师喜欢的学生。到学期末时，我把最重要的一份作业交给了她，这是其他任何老师都不曾收到的。
>
> 老师为班级里的每位学生都规定了日期及写作的主题，而我感兴趣的是"六十年代黑人在美国的境遇"。
>
> 我告诉老师，我想要研究的内容是一个秘密。当我向她热情洋溢地汇报自己的研究进展时，她同意我延迟提交作业。就像以往一样，我浏览了所有可以找到的相关书籍，裁剪图片、在报告上绘制图解以突出我想要表达的想法。班上其他同学的作业平均也就3页，而令我感到骄傲的是，我的作业包括图解和绘画在内，一共有26页之多。最终，老师给我的作业评定等级是优。（p.81）

孤独症人士丹尼尔·塔米特先生在自传《我的星期三是蓝色的》中分享了自己的经历。老师曾交给他撰写关于夏季奥运会报告的任务，这令他十分开心。

> 老师让交一份有关汉城奥运会的作业，这下我看的电视节目能派上

用场了。在接下来一周的时间里,父亲帮我从报纸和杂志上剪下几百张运动员和比赛的照片,我把它们贴在彩色的硬纸板上。这些照片完全按照视觉逻辑来分类:穿红色衣服的运动员贴在一张上,穿黄色衣服的贴在另一张上,穿白色衣服的贴到第三张上,以此类推。我在小横格纸上用最工整的字体写下一长串国家和参赛运动员的名字,这些都是我从报纸上看到的。我还列出了很多不同的比赛项目,包括韩国的第一运动跆拳道和首次出现在奥运赛场上的乒乓球。另外,还有一些比赛的分数和技术统计,包括比分、比赛时间、破纪录情况和奖牌数量等。最后发现资料有很多页,父亲只好把每一页打孔,再用线固定起来。在封面上,我画了一个奥运五环标志,并且涂上了颜色:蓝色、黄色、黑色、绿色和红色。老师给我打了高分,来表扬我付出的时间和努力。[①]

有些老师可能不允许学生按自身兴趣开展研究项目,但我们发现,只要给学生机会研究自己的兴趣领域,学生能向我们展示出大量的优秀作品。对于倾向"屈服"于学生兴趣的老师来说,当发现自己能够将相关技能(阅读、写作、组织、访问、记笔记)通过研究项目的形式教给学生时,或引领学生在研究自己兴趣的同时进入一个新的领域时,老师的"屈服"就能更加心安理得。举例来说,如果孩子喜欢蜘蛛,并且知道不同种类蜘蛛的习性和特点,老师可以让学生制作一份世界地图,并标注出不同种类蜘蛛生活的国家和地区。这样学生不仅可以学习地理知识,还可以了解有关蜘蛛的知识。如果学生已经完成大量关于自己兴趣领域的任务,老师可以鼓励他们研究其他相关主题。例如,一位年轻人曾连续三年开展有关机器人的科学展览项目,最后他的父亲说服他探索适用于身心障碍人士的科学技术(包括机械义肢)。

---

① 编注:译文节选自《我的星期三是蓝色的:一个孤独症天才的人生》中文简体版,马斐、吴江彩等译,华夏出版社,2016年。

更多基于兴趣或热情，鼓励开展深入研究的建议

教师应考虑在研究项目的教学中强调或鼓励学生学习的技能和能力。可以把读写能力，例如阅读、写作、演讲和聆听设定为教学目标或评估目标。研究技能包括调研、记录和列提纲。通过这些研究项目，学生也可以探索新的技能，包括文字处理、幻灯片制作，还可以学习使用辅助技术。如果研究任务以结构化的形式呈现，学生们还可以通过深入的研究，练习沟通和社交的技能。

允许学生开展与自己喜欢的任务、主题或事物有关的持续性研究（研究甚至可以持续数年）。鼓励学生保存好文件夹、活页夹，或在教室中创建空间用于存放或累积相关的产品、工艺品和材料。一旦有新的项目出现，学生就可以调取之前的材料，探索与自身兴趣相关的新问题。

鼓励学生不断列出与其兴趣领域相关的问题清单。特别是，你可以要求学生想出一些"宏观"问题，从而指导他们在实际生活中真实地研究自己感兴趣的领域。例如，与其让学生研究国家公园并完成基础性的相关研究内容（有哪些国家公园以及它们的位置），不如鼓励他们利用研究项目回答更实际或没有标准答案的探究性问题，例如，国家公园存在风险吗？设立国家公园的目的是什么？这样的目的是怎样一步步形成的？

第十三章　理解复杂的世界

第十三章　理解复杂的世界

经常听到孤独症人士倾诉自己的苦闷，面对"普通"世界，他们深感困惑。他们在理解社交准则时不断挣扎，努力地学习社交规范、人们的期望值以及社交礼仪。他们应对的方法之一就是沉浸于自己的兴趣爱好中，回避遇到的困难和困惑，让混乱无序变得有序。丹尼尔·蒙特（Daniel Mont）在《另类男孩》（2001）一书中回忆起自己的儿子埃里克斯就是以沉迷于桌游的方式来寻求一种可预期且明确的规则。

这是一个复杂混乱且充满各种刺激的世界，但是游戏的规则很明确。你知道什么时候轮到你，并且知道应该做什么。正因为游戏的结局仅有胜负和平局，你可以安稳地享受游戏时的"惊喜"和"意外"，所以埃里克斯在玩桌游时感觉很放松。（2001, p.56）

孤独症人士肖恩·巴伦先生是《男孩肖恩》[①]一书的作者之一。他同样利用自己的兴趣创造出可以接受的秩序和平静感。对于死胡同的浓厚兴趣帮助肖恩处理源源不断的信息、应对各种刺激和要求。每当看到死胡同，他就会感到放松，确切地知道面前的路已经到了尽头。了解到这一信息后，肖恩可以把自己的精力投入思考这条路可以怎样结束上。他会设想出多种方式，例如，用一堵墙、一个栅栏或其他形式的屏障。此时的肖恩脑海中留有这样的想法，因此感觉放松，能够面对挑战和未知，因为他知道无论外面的世界多么混乱，多么复杂，仍有一部分是有序且可预测的。

与此相似，我们认识的另外一位年轻男士布莱克，他利用自己对工具的喜爱来理解周围的事物。布莱克最喜欢的电视节目是美国公共广播公司的

[①] 编注:《男孩肖恩：走出孤独症》（*There's a Boy in Here: Emerging from the Bonds of Autism*），[美] 朱迪·巴伦，[美] 肖恩·巴伦著，池朝阳译，华夏出版社，2024年。

《木工坊》（New Yankee Workshop）。这个节目主要是介绍一些自制木工制品，并采访一些非常有天赋的工匠。通过收看这一电视节目，布莱克自学工具的使用方法，成为研究木制工具历史、品牌和类型的专家。这个兴趣充实了他的业余时间，丰富了他的生活。此外，该兴趣还帮助他理解相对嘈杂的运动项目。例如，周五晚上他的家乡有一场高中橄榄球比赛，身着蓝金色相间队服的灰熊队对阵身着绿黄色相间队服的老鹰队。在上半场比赛过程中，布莱克的母亲雪莉女士为布莱克解说这场比赛。无论母亲多努力解释，布莱克对比赛仍毫无兴趣。忽然，布莱克又看了一眼赛场，脸上随即露出轻松的微笑，指着赛场说："木材科技对阵三角洲。"（"木材科技"是一家生产电力工具的公司，其产品的主打色调就是绿色和黄色，而"三角洲"生产的工具的标识主打色调是蓝色和银色）由于建立了工具和橄榄球之间的联系，布莱克开始关注这场比赛，而且专注比赛的时间远远超出了他父母的预期。他还尝试理解进球和触地得分的含义，并享受观看比赛的过程。

第十三章 理解复杂的世界

更多基于兴趣或热情，理解复杂世界的建议

有时比喻也可以在某种情境中发挥一定的作用，正如上文中提到布莱克与橄榄球比赛的例子。其他学生不喜欢的实地考察，对丛林感兴趣的儿童来说则是一次旅行。对于喜欢全国运动汽车竞赛的儿童，则可以把去学校医院说成是去预防性维护汽车或停车加油。

跟随学生的引领，了解他们的需求以及如何利用他们的兴趣爱好满足需求。不要只是关注有孤独症或阿斯伯格综合征的学生在面对挑战情境时的行为表现，你也可以观察他们排列自己喜欢的小雕像或沉浸于自己喜欢的书籍时的样子。给老师及照护者指出孤独症学生的这一行为倾向，可以让他们看到这些行为背后的目的和必要性。

教育学生，主动利用自己的兴趣回避生活中那些混乱带来的挑战。如果你发现，学生似乎渴望获得固定的秩序或理解混乱的环境，可以建议他们利用自己喜欢的事情解释当前的情境或事件。为了达到这一目的，可以征求学生的意见，问问他们是否需要喜欢的材料、物品或活动，或是了解他们能否将混乱的环境与自己的兴趣领域相互比较。（小建筑师鲍伯最近在做什么？去学校就像是查尔斯·林德伯格飞越大西洋？）

第十四章 让学生展现自己的才能

第十四章 让学生展现自己的才能

孤独症学生会希望通过个人兴趣展示自己的才能或智慧。那些常常被认为是难以教育的学生尤其需要展示自己的才能。例如，据肖恩·巴伦回忆，他曾通过展示广播台和电视台呼号方面的丰富知识令他人羡慕不已。

> 我知道很少有人了解这样的知识，这让我兴奋得意，觉得自己十分了不起——我的脑子里记了那么多呼号。随便哪天都会有个电台呼号在我脑子里闪现，不断地重复、重复再重复。我用这些挥之不去的呼号来屏蔽周围的人和一切我不喜欢的事物。脑中回响的呼号是那样的响亮而生动，抹去了我心中所有的不安。我这样做了很多年，总能使我觉得自己所向无敌。我是全学校唯一拥有这些信息的人，只要呼号在我脑子里回旋，我就不再低人一等。[①]

当然，如果某人过多或过长时间地谈论自己的特殊兴趣，可能会被他人看作粗鲁、令人厌烦或自我为中心（Klin, Carter, & Sparrow, 1997）。为此，老师经常提醒学生不要过分谈论自己的特殊兴趣或爱好，避免自说自话。然而，我们并不赞同这种说法，因为孤独症学生展示自己的机会太少。我们建议老师教会学生如何监控自己的对话，以及如何恰当地分享自己的兴趣。如有可能，我们也应该为学生寻找较自然的方式和机会展示自己的智慧。语言课程或辩论小组都可以作为有效的途径，让学生能够在结构化的环境中分享自己的知识。社团活动也是一种不错的选择。喜欢解决问题的学生可以加入数学十项全能社，喜欢动物的学生则可以在四健会（4-H Club）活动时找到展示自己知识的机会。

---

① 编注：引用自《男孩肖恩：走出孤独症》中文简体版。

更多基于兴趣或热情，让学生展现自己才能的建议

确保所有学生都有机会展示自己的学识。可以考虑举办"让我们知道你会什么"主题才艺秀，从而关注学生们的特殊知识领域。学生可以选择展示自己的专业知识、兴趣领域，或者只是站在同学们面前，回答同学们提出的问题。

帮助学生制作简历、作品集或剪贴簿，让他们用正式的方式展示自己的特殊才能或专业能力。这种做法有两层目的，最重要的就是告诉学生如何系统地整理自己的成就或特殊技能。尽管学生的兴趣点不同寻常（例如，烹饪用的搅拌器），但井井有条地将喜爱的物品排列在一起，并向他人展示，让学生获得了一种自豪和成功的体验，同时练习了组织、分类以及以一种引人入胜且符合逻辑的方式展示信息的方法（例如，需要使用搅拌器的食谱，使用不同类型搅拌器的方法），这无疑会是很好的训练方式。第二个目标是教授学生相关的技能。例如，如何按照优先顺序组织信息或整理经验，或是如何写出令人信服的文字。

向学生介绍多元智能理论（Gardner, 1993）。可以参考托马斯·阿姆斯特朗编著的《如何开发孩子的8大潜能》[①]，本书是为学生所写，告诉学生们无需不断地质疑自己聪明与否，并旨在鼓励学生探索使自己变聪明的方法，使处于谱系障碍范围内的学生乐于找到新的方法来讨论自己的智力和能力。

---

① 编注：原书名为 *You're Smarter Than You Think: A Kid's Guide to MultipleIntelligences,* 2002 年出版。中文简体版 2009 年由中国妇女出版社出版。

第十五章 给予学生『权力』

埃莉莎·加尼翁（Elisa Gagnon）开创的"威力卡"策略是另一种利用学生兴趣作为支持工具的方法。这一方法包括：①编写一则策略故事，描述学生所崇拜的英雄人物是如何使用该策略解决问题的，故事的篇幅往往控制在一页纸以内；②"威力卡"的大小与名片的大小相近，卡片的使用者可以用同一策略解决相似的问题。"威力卡"可以用于多种情景，包括不理解某个情境中的要求或规则，不理解选项，不知如何进行概述，需要依靠视觉支持才能采取行动，或需要提醒才能知道在某个情境中应该做什么。

加尼翁在《威力卡》（*Power Cards*, 2001）一书中与我们分享了金伯莉的故事。金伯莉是一位年轻女性，有孤独症的她经常以拥抱的方式与人打招呼。随着金伯莉不断成长，交际面越来越广，父母希望她能学会用握手的方式与别人打招呼。金伯莉特别喜欢乡村乐歌手仙妮亚·唐恩（Shania Twain），为此，父母为她编写了一个关于仙妮亚的故事。在这个故事中，仙妮亚学习到有时候拥抱别人并不是最好的方式，所以她选择与喜爱自己的众多粉丝握手，而不是拥抱（特别是第一次见面的人）。在故事的结尾，仙妮亚与读者分享了三条建议。

- 面带微笑，伸出右手握住对方的右手。
- 介绍自己并询问对方的近况。
- 与你的朋友和老师练习握手和问候。(p.43)

金伯莉的威力卡上印有仙妮亚的照片以及上述三条建议。金伯莉可以随身携带这张卡片，并且在需要与陌生人相互问候的时候回顾这个故事和卡片上的建议。下面的例子为我们呈现了如何使用权力卡片策略帮助学生降低对辅助的依赖。

威尔伯做主
辛迪·范霍恩

蜘蛛夏洛最喜欢小猪威尔伯。后来，出于种种原因，夏洛在与威尔伯相处时感到很焦虑，因为威尔伯只做夏洛吩咐的事情。比如，只有当夏洛告诉威尔伯吃饭的时候，他才会吃饭；只有夏洛让他清理猪舍时，他才会清理。事实上，威尔伯几乎不与其他小猪一起玩，除非夏洛要求他这样做。夏洛感到很疲惫，她认为如果威尔伯能够寻求帮助而不仅仅是遵从别人的指令，他将会生活得更愉快。

与威尔伯一样，对于学校里的所有男生而言，独立极为重要。如果你不知道怎么做，寻求帮助是可以的。于是，夏洛决定等待威尔伯寻求帮助，而不是每次都告诉他应该做什么。她希望威尔伯可以掌控自己的生活。

谨记夏洛提出的掌管自己生活的三条规则：

1. 如果不知道该做什么，请查看你的日程安排。
2. 不要等待别人告诉你做什么。说干就干！
3. 如果需要帮助，就说"我需要帮助"。

记住这三条规则，你就可以向小猪威尔伯一样管理好自己的生活。

根据学生最喜爱的电影《夏洛的网》改编制作。目的是让学生减少冲动（Gagnon, E, 2001《威力卡：利用特殊兴趣爱好调动阿斯伯格儿童的兴趣》, pp.48-49. Shawnee Mission KS: AAPC）

更多基于兴趣或热情，给予学生"权力"的建议

鼓励所有学生（不管是否被贴上"障碍"的标签）制作权力卡片。让学生们思考，哪些情况、体验或事件让自己感到不适或紧张。然后，想出一个自己感兴趣的领域。教授学生如何将这些事情编写成故事，并制作成威力卡保存在抽屉、钱包或书桌里。

如果威力卡中的策略对某一位学生特别有效，你可以进一步考虑添加其他的方式，将威力卡上的几条建议更为简便地保存下来。例如，呈现在威力卡上的内容可以粘贴在抽屉或书桌上，也可以插在活页夹的透明袋中，还可以放入钥匙链的图片框里，甚至还可以制作成一套贴纸，粘在不同的料质或封面上。

尽管目前所呈现的大多数事例都集中在鼓励某种行为，但威力卡同样可以用于帮助学生提升学习技能并学习新知识。例如，制作可以提示学生语法规则或如何使用量角器的卡片。

第十六章

鼓励学生闲聊

孤独症学生，特别是有阿斯伯格综合征以及有一定沟通能力的学生，经常会被指责社交能力弱，特别是他们无法好好地闲聊。学生们在这方面十分困窘，因为他们每次与他人谈论不熟悉的主题时都会感到很不舒服。因此，谈论他们感兴趣的内容，以此鼓励学生参与对话是缓解恐惧和焦虑的一种有效途径。

当然，学生只谈论自己感兴趣的内容也不恰当，但如果尝试教授学生控制自己谈话的内容和方式，例如，谈论自己感兴趣话题的时间长度或轮流谈话的规则，那么无论是与熟人还是陌生人，学生的兴趣都可以作为恰当的聊天话题。特别要记住的是，如果学生不能以自己的专长作为谈话的内容，可能就无法参与到交流中。

鼓励学生利用自己的兴趣开启谈话的另一个原因是，很多学生说起自己的兴趣时，都表现出良好的沟通状态。温特·梅西尔的研究发现（Winter-Messiers, 2007），与孤独症学生谈论他的特殊兴趣可以显著地改变状况。例如，她注意到谈话参与者的理解能力显著提升，参与者能够使用较为复杂的词汇、词语顺序和语法。

> 例如，当回答一般日常性问题时，查理不断地重复同样的答案："嗯，我不这样认为，怎样都行。"这样的回答语句仅仅包括一两个音节的词语，且没有清晰的内容或语法。然而，当我们问及他最喜欢玩什么的时候，他的言语形式立刻发生了变化，"我喜欢游戏王与三只蓝眼睛白龙相合体的卡片，这样的结合便出现三头龙的形象"。（p.47）

研究者及其研究团队还发现，当学生们讨论自己的兴趣时，他们的肢体语言能力有所提升，注意力不集中或重复刻板行为随之减少。

更多基于热情或兴趣，鼓励学生闲聊的建议

有计划地在教室里为学生留出时间开展小规模的聊天活动。可以是周五早上抽出的 5～10 分钟，也可以是在课程内容告一段落之后。老师可以提醒孤独症学生通过引入自己感兴趣的话题开启对话，同时还需提醒他们不要忘记给对方选择谈话主题和分享自己兴趣的机会，而不是一个人侃侃而谈、不顾及他人的感受。

为学生创设学习、使用谈话技巧的机会，例如，组织名为"晚宴聚会"的集体活动。该项活动中，学生在教室内随意走动，直到听见老师喊出某个数字，然后学生根据这个数字形成若干个小组。例如，如果听到老师喊"4"，学生立刻找到附近的同学，组成 4 人小组。接下来，老师会提出一个开放性的问题（例如，考试的过程中，你如何为自己减压呢？你知道哪些关于诗歌的知识？），学生们在小组内讨论，直到老师宣布讨论时间结束。此时，学生再一次在教室里走动，等待下一个数字和话题。这种方法为不同的学生提供展示自己兴趣的机会。老师可以在活动中通过说出不同学生的兴趣，有计划地特别为某几位学生提供展示机会，例如，在谈论摩托车比赛这一话题之后，可以谈论关于管道的话题，或者邀请个别学生分享自己的看法。

教学生新的对话技能时，老师应该尝试使用学生的兴趣让他们积极参与。例如，发起一次关于烧烤架的对话，要求学生练习轮替或提出相关的问题。如果学生有言语治疗师，就邀请治疗师一起加入这项活动。

第十七章 提高学生数学技能和能力

第十七章 提高学生数学技能和能力

我们承认，确实有一些孤独症学生痴迷于数字和数学，或具备一定的特殊的数学技能。一位孤独症青年曾回忆起自己从小到大对数字和计算的喜爱：3岁那年，他在村里的面包房里看到了墙上悬挂的日历，日历上黑色和红色的数字引起了他的注意，从此他就开始喜欢使用数字进行计算（Bosch，引自Attwood，1998）。

后来，我发现房间的门上、书和报纸上都有这样的形状。忽然之间，数字仿佛占据了我的生活，成为我生活的全部，我的父母为此感到担忧。3岁的我清楚地知道我在这个世界上生活了1、2、3年。不久之后，在没有接受任何辅导的情况下，我的数学能力从数数发展到算术。4岁的时候，我骄傲地告诉妈妈："即使你没有告诉我，我也知道4乘25等于100，2乘50也等于100。"（p.119）

尽管这类故事非常吸引人，似乎已经成为孤独症的"特质"，但并不是所有谱系障碍内的人士都是"人工计算器"，或喜爱并能够使用数字。例如，托娃是一位有广泛性发育障碍（PDD）的年轻女士，数学课让她十分痛苦，直到老师将她的兴趣融到课业活动中，这一状况才有所缓解。托娃钟爱游泳和潜水比赛，如果老师在课上提及她的这些爱好，她就很愿意参与到数学课中。为了帮助她更好地学习分数，课堂上老师带领大家讨论某队的选手占据了泳池的几条赛道，或假定一位选手游完一定圈数，这场比赛他完成了多少？托娃特别喜欢老师向她提出具有挑战性且与游泳相关的附加问题，例如，游泳池里一条赛道的面积有多大？或者一次运动会上，如果某一名游泳选手参加了所有项目，那么一共要游多远？

与此相似，迈尔斯（Myles，2005）在其书中描述了老师如何帮助和支持一位有阿斯伯格综合征的学生的故事。这位名叫哈立德的学生，特别喜欢龙卷风。他的数学老师设计了一些相关问题，例如，让哈立德计算龙卷风的速度等信息，基于这些信息，哈立德可以计算龙卷风从登陆到撤退在两地之间运动的里程。

许多兴趣可以很容易地融入数学课程中，例如，游泳和自然灾害，但圣诞老人、圆点花样以及中世纪武器这些兴趣点则很难纳入数学教学中来。在这种情况下，老师可以根据学生的兴趣制作教学工具（例如，使用印有圣诞老人的格尺），或将学生喜欢的人物、物品或活动设计在数学课的例题中。例如，如果学生喜欢电影《金刚》，那么老师可以在试题或提问中将"金刚"作为题目中的主要人物，如下所示：

◇金刚必须在上午9点到达帝国大厦顶层，他需要15分钟吃早餐，35分钟步行至大厦，请问金刚需要几点起床？

◇《金刚》首映当晚，一家电影院售出了552张票，而第二天晚上的售票数量是第一晚减少六成，请问第二晚售出多少张票？

加尼翁在书中介绍了一名三年级的阿斯伯格综合征学生杰弗瑞，他对世界摔跤联盟很感兴趣，而这一兴趣难以融入数学课程。面对这一难题，老师们建议杰弗瑞将乘法问题看作摔跤选手在比赛。例如，55乘以32这道题目，可以想象成两个"五"兄弟一起对抗"三"和"二"。(p.32)

更多基于热情或兴趣，提高学生数学技能和能力的建议

回顾你的数学课程，找到某些适合将学生兴趣融入课程的切入点。确保考虑到整个学年教学内容中的所有教学单元，因为有的教学内容会更难与兴趣相融。将学生对古董玩具屋的喜爱与"概率"这一教学单元相结合实属不易，但却可以将其与面积和体积这一教学内容联系在一起。

将学生的兴趣融入数学教学。如果你想不出如何基于学生的兴趣提升学生的数学技能或能力，你的学生可能会想出办法。老师可以要求学生创建一个模型，编写出一个问题或算式，绘制图表或创造一个与其特殊兴趣领域相关的模式。

在网上搜索与学生兴趣领域相关的词语，以及"数学课"或"课程计划"这样的术语，你可能会发现数学课程与电话、恐龙、印第安土著、摩天轮等其他你能想到的且能引起学生兴趣的内容都可以建立联系。

第十八章　教授学生礼仪、合作以及表达同情

第十八章 教授学生礼仪、合作以及表达同情

艾科·福莉是一位阿斯伯格男孩的母亲，她在其回忆录《苦涩的滋味：母亲眼中的阿斯伯格综合征》（Echo Fling，2000）中回忆自己教育儿子的一段经历。她曾经尝试利用儿子吉米对《火车头托马斯》的兴趣，通过创设教学学习情景教授吉米如何更加有效地与自己的妹妹进行互动。大多数年幼的孩子（无论有没有孤独症）面对处于困境、受伤或情绪低落的人都缺乏同情，吉米也是如此。福莉回忆，有一次她让吉米去安慰膝盖受伤而在一旁哭泣的妹妹。起初，吉米只是盯着妹妹看，同时用手指堵住自己的耳朵。然后，他走向妹妹，但是并没有表现出我们常见的关心。他站在妹妹的旁边，只说了一句："安静一点！"（这是一部电影的台词）吉米的语言及其毫无情感的陈述语气引得福莉发笑，同时她也立刻发现了教育的机会。

福莉决定利用吉米感兴趣的话题，教授他如何表达关心或同情。她将吉米的玩具小火车排列在厨房的桌子上，然后问吉米"哪一个是托马斯？"一旦吉米选出正确的玩具，福莉就开始继续上课，并问吉米是否还记得托马斯冲进雪堆的情节，吉米说记得，然后面露沮丧的表情。福莉立刻问吉米，看到这一情节的你当时是什么表情？吉米告诉他是"沮丧或痛苦的表情"。以此为契机，福莉开始谈论关于情绪的问题。

"托马斯的轮子被积雪覆盖了，所以它开始哭泣，对吗？"

我知道在吉米的脑海中留存这一情节，火车发生了交通事故，冲进了雪堆里。这个对话非常合适，于是我决定把这一情节与吉米妹妹膝盖受伤这件事联系在一起。

"今天下午，凯洛琳摔倒并撞伤了膝盖，你还记得吗？"吉米点了点头。"她哭了，就像托马斯一样。"随后，我稍做停顿，给吉米思考的时间。

吉米问我："她也像托马斯一样感觉沮丧吗？"

我冷静地回答道："是的，她很沮丧，和托马斯一样。"然而，对于吉米的问题，其实我的内心感到很激动，他似乎有点理解了我的意思，我不想让他因为我的激动而分心。紧接着，我采取下一步行动。

"你记得特伦斯和拖拉机是怎样帮助托马斯的吗？他们做得很棒，因为他们的帮助让托马斯摆脱了困境。"此时，我继续期待吉米的反应。

吉米看着小火车，思考了一会儿，然后说："妈妈，你是想让我像特伦斯帮助托马斯一样帮助凯洛琳吗？"（p.75）

福莉发现使用这种方式教育吉米非常有效，所以她开始在不同的情境和环境中使用同样的策略。学习了合作、支持和礼仪的概念之后，吉米意识到在不同情况下都应该展现出不同的技能和能力。

福莉的教学经历，完美地呈现了我们面对孤独症人群时应该坚持的一种理念。尽管孤独症人士缺乏同情心，或很少会对他人产生同情，但通过我们与孤独症人士的接触，你会发现，有些孤独症人士非常敏感，并且能够关心他人。我们发现之所以会出现这样的现象，是因为我们（非孤独症人群）对于"同情"的理解，以及何时以什么样的方式表达出来，与孤独症人士不同。因此，许多孤独症学生不需要学习同情，而是应该知道如何用合理的方式表达自己对他人的同情和理解。

教授学生应有的礼仪同样遵循这样的理念。谱系障碍人士希望自己是"彬彬有礼"的人，但没有意识到正常社交的准则。因此，孤独症谱系障碍个体常常发现，学习社交礼仪或规则是一件令他们感到安慰的事情，一方面是因为清楚地了解行为准则可以减轻生活中出现的焦虑情绪，另一方面是因为这些行为准则在多种情况下都是通用的。尽管在不同地域打开礼物的方式和与他人打招呼的方式略有不同，但学会了这些同样能给那些因生活中的未知而困窘的个体带来安慰。预演某些情景片段的方式，可以让学生的兴趣融入任何课程中。例如，凯利非常喜欢谈论有关阿巴拉契亚徒步径的话题，老师为他提供了礼仪提示和登山资料，要求他据此为登山者编写一本指南。他出色地完成了这项任务，他所编写的指南包括类似这样的规则：①减少噪声；②不要随手乱扔垃圾；③不要单独行动、擅自离开队伍。后来他又和几位同学一起编写了一本班级规则指南。

更多基于热情或兴趣，教授学生礼仪、合作以及表达同情的建议

排演与礼仪、社交准则有关的微型剧或短剧，充分利用学生感兴趣的人物形象、喜欢或熟悉的场景。对于热衷环保的学生来说，只有那些穿着"自然母亲"衣服的人授课，他们才愿意学习社会关系和社会概念（合作和分享等）。

如果学生的兴趣是某个事件、物品、人物或动物，那么，可以和学生一起讨论他们感兴趣的这些人或物（即使对这些兴趣物并没有情感或感受，学生也会发现讨论这些很有帮助）以及如何更加尊重、关心或同情他们。例如，如果有一位学生喜欢《好奇的乔治》，我们就可以问他："如果戴黄色帽子的男人拿走了乔治的香蕉，乔治会有怎样的感受？"

将学生的兴趣和本书所提出的某些概念相联系，其中一种比较好的方法就是让学生利用自己喜欢的人物、概念、地点、活动或爱好，编写礼仪和班级规范。

第十九章 鼓励学生成为伟大的人

第十九章 鼓励学生成为伟大的人

对部分学生而言，爱好是打发时间、学习或休闲的方式；而对另一部分学生而言，热情是取得成功的途径。因此，沉浸在某一领域将会带来前所未有的机遇，甚至有可能获得特别的成就。这些学生最终会出人头地，甚至会在商业、艺术、工业、体育、科学或其他领域做出突出的贡献。

贾斯汀·卡尼亚就是这样的人。卡尼亚有孤独症，小时候就喜欢利用绘画来弥补自身沟通能力的不足。他可以通过画出不同的场景片段表达自己的想法，绘画可以作为其言语表达的媒介。父母很快发现了他的艺术天赋。从5岁起，卡尼亚就开始喜欢描绘动物和卡通形象。时至今日，他的绘画作品涉及水彩画、蜡笔画、素描和油画。与此同时，他还自学电脑动画制作。

卡尼亚年轻有为，他在著名的纽约美术馆参与了一场为期一个月的画展，一年之后成功举办个人画展并接受《欧普拉》杂志（他也为这本杂志提供了封面设计，因为我们非常喜欢他的作品，他可以通过自己的作品完美地呈现出我们的想法）的专访。即使对于那些终其一生都在从事艺术创作的艺术家而言，这种广泛的关注也是可遇而不可求的。

孤独症谱系障碍群体中的另一位"明星"是弗侬·史密斯（Vernon Smith），他是经济学领域响当当的人物。史密斯曾执教于斯坦福大学、布朗大学和亚利桑那州立大学。他的研究（我们以为他的注意力能够高度集中）获得了诺贝尔奖，著作颇丰，曾先后发表或编著文章和书籍200余篇，内容涉及资本理论、财政自然资源经济以及实验经济学。

另一位孤独症大咖就是我们熟知的天宝·格兰丁，她是美国科罗拉多州立大学的副教授，同时也是世界知名的牲畜饲养设备专业设计师，她还是公认的动物福利和孤独症权利倡导运动的"精神领袖"，这两个领域的相关人士经常引用她的言论（邀请她接受咨询或发表演讲），例如，动物福利、神经病学和哲学。格兰丁能够深刻地体会到环境以及恐惧所带来的焦虑，因此，她积极呼吁采用安全、人道的方法处理动物。具体来说，她为屠宰场和牲畜饲养场标准的提升做出了积极的贡献,她的这一成就家喻户晓。

芭芭拉·莫兰(Barbara Moran)是一位有孤独症的艺术家,她将自身的成就看作自己坚持不懈的结果。

> 如果考虑到孤独症本身好的品质,如果感觉问题和焦虑问题能够得到治疗,你就会发现一个睿智、具有创造力且思想开放的人。你看到的可能是一个我行我素、具有独立个性的人而不是一个墨守成规、因循守旧的人。普通人就像是温顺的羔羊,跟随群体行动,而能改变世界的人却是真正自由的人。
>
> 孤独症人士对某一爱好的痴迷使他们有着与常人不同的视角。想象那些乐队的乐手或作家,你必须异于常人地专注在某件事上,直到成功。一个人为自己所爱之事做出艰辛的付出并取得成就,是件何等奇妙的事。(B. Moran,私人谈话,2007.11.9)

剑桥大学孤独症研究中心的西蒙·巴伦-科恩(Simon Baron-Cohen)认为,阿尔伯特·爱因斯坦和艾萨克·牛顿具有阿斯伯格综合征人士的某些特征(Muir, 2003)。尽管对于这一判断尚存争议,但目前持有此观点的不止巴伦-科恩一人,因为许多被诊断为孤独症的人士都和这两位名人具有相同的显著特征。例如,爱因斯坦和牛顿都在某一领域具有浓厚的兴趣,都无法在社交情境中恰当地表现自己,难以与人沟通,有时沉浸于自己的工作,甚至忘记了吃饭。

尽管只有很少一部分孤独症谱系障碍人士能够取得辉煌的成就,但对老师而言,应该意识到所谓的"狭隘刻板的兴趣",无论是对于正在体验这种兴趣的人,还是对于其他人都具有很大的价值。毕竟,这个世界上大部分的惊人成就,包括宏伟的建筑、科学发现、运动场上的好成绩以及卓越的艺术创作都需要个体的执着和坚持不懈。

第十九章 鼓励学生成为伟大的人

更多基于兴趣和热情，鼓励学生的建议

鼓励孤独症学生以那些将自己的兴趣转变为职业，并取得成功的成年人为榜样。除了向在事业上取得成功的人学习，学生还可以向其他类型的成功人士学习，例如，做出了某项发明创造的人、对自己生活的社区或世界做出贡献的人、领袖或给人带来启迪的人。

学生可能会受到鼓励，向那些功成名就的孤独症或阿斯伯格综合征人士学习。也有一些成功的孤独症人士写了鼓舞人心的自传，可以供学生阅读。尽管并不是所有的学生都能取得那样的成就，但他们可以从中学到自我接纳和自信。

让学生们讨论、诠释或描绘出自己对"伟大"的理解，并且在不同的活动或环境中用学生的作品鼓励和激发自身的动机。

第二十章　让生活更有意义

第二十章　让生活更有意义

班吉是一名高中生，他特别喜欢火车以及与铁路有关的任何事情。让他欣喜的是，他住的地方离铁路主干道还不到一个街区的距离。这条铁路不仅是临近两个大城市的枢纽，同时还是国家级铁路干线。总之，这条铁路上全天都会有很多班列车驶过。班吉只要走出前院几步，就能看见火车驶过。更让他激动的是，他可以在家附近参加定期举办的"火车展览"。无论何时，只要有机会，他都会到最靠近火车道的位置打开折叠椅，等待"展览"开始。

当铁道两旁的混居老筒子楼逐渐被改造成公寓时，一位老师建议班吉搬家，因为这里北侧的单元正好面对火车道，这样的单元对许多居民来说并非首选，但班吉认为这里就是"天堂"。对于他而言，房产选择的宗旨就是"位置、位置、位置"，靠近火车发出喧嚣声响，并且任何时间都能在最靠前的位置观赏火车"表演"的地方，这就是最理想的房子。

班吉的故事让我们看到如何利用兴趣提升生活品质，而这仅仅是其中的一个例子。帮助孤独症群体提升生活的品质并不只是一种善举，更是一种针对问题行为（或是我们所谓的不恰当行为）、积极性不足以及学业或其他教育问题潜在的"治疗"，同时，还能缓解某些健康问题，例如焦虑和抑郁。

尽管我们不能完全分享、理解或领会其他人所感受到的鼓舞或满足，但我们可以尝试理解"萝卜白菜各有所爱"的道理。例如，大卫（David Miedzianik，引自 Attwood，1998）在观察某项工作时发现了真正的快乐，而这对于大多数人来说却是单调乏味的。

> 观察燃气修理工修理炉子让我着迷，从小到大，每当我看到燃气火焰的时候，就会兴奋得上蹿下跳。（p.94）

通常"局外人"会将孤独症群体对某事物的过度痴迷视为一种令人厌恶的甚至是问题行为，但是许多孤独症谱系障碍人士会认为这些都是有价值、能给他们带来快乐的。乔·史密斯（Joel Smith，2007）是一位作家，有孤独症，他认为专注于自己喜欢的事情确实能够令人满足并带来喜悦。

> 当我对某件事产生兴趣时,大部分时间我都会沉浸于此,甚至忘记了吃饭和睡觉!许多孤独症人士都有和我一样的特点,沉浸于自己的兴趣,将其他事物视为无关紧要的东西。曾经有人问我,沉浸在自己所痴迷的领域是怎样的一种感受?我告诉他们那是一种非常美妙的体验:时间似乎停止了,任何事情都不会对我造成干扰。这种痴迷的兴趣不仅没有让我感到厌倦,反而给予我力量。我不会因为任何事放弃我自己的兴趣。我建议那些非孤独症人士阅读我的文章,然后自己决定如何看待孤独症群体对于某种事物的"痴迷",他们是否仅仅跟从多数人的喜好或厌恶来做判断。我很想知道,如果有人告诉乔治·华盛顿·卡弗不要对花生过分痴迷,他会做何回应。(2007)

温迪·劳森(1998)曾说过,她无法想象她不再"注意力高度集中"(她珍视的一种技能或能力),生活将是怎样的一种体验。

> 一边走路,一边低头看着地面,我发现脚下有东西在动,有一只蝉从洞里爬了出来。我眼看着这个生物从褐色的小虫子转变为美丽的、金绿色的、会唱歌的生物,这一过程仅仅用了一个半小时。我曾听到有人说,在炙热的阳光下站一个半小时,仅仅是为了观察昆虫,这真是疯狂的举动。我却认为他们才是疯狂,他们为了不这样站着观察,就错失了分享这么美好和令人兴奋的经历。(p.115)

阿斯伯格综合征人士杰里·纽波特是一位数学奇才、国家级的演说家,同时还是《你的生活并不是一个标签》(2001)这本书的作者。他非常赞同劳森的观点，并感叹道："那些没有孤独症标签的人群，似乎无法理解孤独症人士理解某件事情时的喜悦，或专注于自己兴趣的那种感受。"

我喜欢风扇，是个六叶扇迷，但我讨厌那些喜欢五叶扇的人。我就想和六叶扇待在一起，我可以不辞万里驱车到任何一个有一排六叶扇的咖啡厅里坐下来品咖啡、吃苹果派，但无论在怎样的酷暑下，我都不会到街对面去找五叶扇避暑降温。

将六叶扇每个扇叶的顶点连成线，你就会画出一个六边形。六边形的每个边长等于其外围圆圈的半径，而每个相邻扇叶与其对边形成的三角形都是等边三角形。将形成的三角形向扇心折叠，就会得到12个等边三角形。最终折成的形状如同一个星形，就像是我的中间名：大卫之星。这12个等边三角形就像是以色列的12个支派，这对于新教徒的我来说十分形象。

对于所谓的普通人来说，为什么他们无法理解知道某件事是非常酷的体验？（p.115）

就是这样的！

巧用孤独症学生兴趣的20个方法

更多基于兴趣或热情，提升生活意义的建议

告诉与孤独症学生关系密切的人，兴趣可以带来喜悦和满足。如果学生的兴趣领域非同寻常，有些人会质疑学生能从中学到什么，不会重视或鼓励他们坚持自己的兴趣。因此，有必要让他们知道，有些兴趣并不一定具有某种功能或目的，却能够让学生开心或带给他们快乐。

鼓励学生争取坚持自己兴趣的权利。如果学生具有沟通能力，可以教他们如何告知他人自己从兴趣中获得的喜悦。我经常听到一位学生不断地告诉自己的老师："您可能无法理解，但请您尝试去接受。"

通过提供分享的机会或反思自己的兴趣等，为学生寻找提升其学习活动娱乐性的方式。当学生在校遇到问题，老师通常试图改正甚至是惩罚学生。在这种情况下，将学生的兴趣或专业领域融入在校的一日学习流程或一周经历之中可能是更有效的解决方法。问学生："什么事情让你这么开心？"然后考虑是否可以将他们的回答融入教育活动中。如果学生没有分享这些信息的能力，就询问其家人："你的孩子在课余时间喜欢做什么？""他或她如何度过空闲时间？"大多数老师不会考虑尝试将"电影摄制人员名单"这样的内容加入学生一日学校活动流程之中，但这样做可能会让学生感到兴奋、舒适且可产生意想不到的效果（特别是将观看摄制人员名单这一经历转变为读写活动，或融入与电影甚至相关职业有关的研究）。

附录　常见的问题

问：在这本书中，您建议我们关注学生的兴趣点、特长和想象力，您是否认为，关注这些内容与关注学生的弱点和困难同样重要？

答：在现行的美国教育体制下，学生的档案资料中记载了各种各样具有挑战的行为问题，这些信息主要用于了解学生是否需要接受特殊教育，帮助学区相关部门确认学生是否具有获得服务和财政支持的资格。我们非常理解在某些情况下，了解学生的各种问题很有必要，但是我们认为，现行的体制过分强调学生的问题，缺乏对学生兴趣爱好的了解或关注，这样将失去很多教育的契机。事实上，找到学生的弱点或缺陷很容易，但是这些信息难以转化为具体的教学或支持策略，因此，这些关注点就陷入了教育的僵局。

描述学生的兴趣点、强项、目标、梦想以及成功的教学策略，将有助于建立良好的师生关系，制订有效的教育计划，实施有效的教学。从另一方面来说，当我们了解到某位儿童不服从指令、固执、动作迟缓、痴迷于橄榄球数据或过度活跃，此时很难想象如何为他或她提供支持。相反，如果我们了解到学生具有自我提倡或喜欢自我表现这一特征、非常精通计算或记忆棒球比赛的数据以及精力充沛、极度活跃，我们会从更加积极的视角看待学生，从更加适宜的角度提供支持和设计教学。

问：以学生的兴趣为中心是否意味着向学生做出妥协？我们是否允许学生痴迷于自己的兴趣？

答：这是我们经常被人问及的问题。我们认为这种表述（例如执拗或痴迷）是对学生兴趣爱好的消极看法。我们建议，与其说向学生妥协或让步，不如说是尊重学生；与其说学生的行为是刻板执拗的，不如说是对某事全神贯注。

我们时常建议读者，将学生的兴趣看作一种有效的工具，用于教授学生社交技能、沟通技能、休闲放松的技能以及标准化的学习内容，引导学生接触不同的学习领域，进而潜移默化地促使学生产生新的兴趣。我们喜欢与读者们分享钱德勒女士的教育经历。钱德勒女士是一位高中英语教师，她告诉我们，不仅要重视学生的兴趣领域，而且要充分加以利用。钱德勒老师的班级有一位名叫拉伊的学生，有孤独症。在刚刚开始接触这名学生时，钱德勒老师向很多人（包括这名学生的家人、同伴和那些曾经教过他的老师）询问有关这名学生的情况，包括他的兴趣、爱好、强项以及存在的问题。钱德勒老师被告知，拉伊只有一个兴趣，那就是天气。她同时得知除了与天气有关的内容，拉伊不会阅读、书写或谈论任何话题。起初，钱德勒老师将拉伊的这一特点视为一种挑战。

开学的第一天，拉伊刚走进钱德勒老师的教室就开始问："今天的天气怎么样？"早有准备的钱德勒老师递给拉伊一份报纸，并向他展示报纸上的每日天气专栏。她告诉拉伊，每天早上可以早早地来到学校，在黑板上写一写当日的天气报告，唯一的要求是每天需要使用不同的描述性词汇分享天气报告。一段时间后，钱德勒老师开始引导拉伊阅读报纸的其他栏目（包括棒球比赛），老师的这一举措引发拉伊诸多关于棒球（拉伊有时候会和钱德勒老师一起讨论在棒球比赛过程中出现的天气灾害）的深度讨论，拉伊也开始协助老师为学校棒球队设计网站。为了成为一个有知识的网页设计者，钱德勒老师要求拉伊阅读大量的相关书籍，包括《假如我有一把锤子：汉克·亚伦的故事》（*Had a Hammer: The Hank Aaron Story*）和《自然》（*The Natural*）等。

经过几周的网页设计基础知识学习，钱德勒老师鼓励拉伊参加学校技术俱乐部的会议，这是拉伊参加的第一个课外活动（这项活动甚至与天气无关）。

学年结束时，拉伊仍然钟爱讨论天气，但他也可以使用技术手段创办自己的网站，该网站包含北美自然灾害的故事、文章和影像资料。他也逐渐对棒球产生了兴趣，并且有了自己支持的球队。同时，拉伊有了新的兴趣爱好，即科学技术和网页设计。拉伊所取得的这些进步与钱德勒老师的教育理念密不可分，她坚信学生的兴趣爱好和强项可以被充分利用。这一理念值得我们所有人学习。学生的兴趣爱好不是一种阻碍，而是通往成功道路的阶梯。

与此类似的故事，可以在卡罗尔·扎西、苏珊·夏皮罗·巴纳德和扎克·罗赛蒂合著的《探究本质》（*Seeing the Charade*）一书中找到。这本书的主题是朋友和融合，书中描述了一位名叫塞缪尔的年轻人，他对风扇特别着迷。他喜欢用风扇向自己的脸部吹风，或看着物品被风扇吹得飘来飘去。老师们集思广益，努力想办法让塞缪尔加入社区活动或课外活动，却发现很难找到跟他"兴趣相投"的朋友。然而，当老师们转变思路，开始思考与风扇这一兴趣相关的方法时，一位物理老师建议他们去联系那些制作超轻型飞机模型的学生。这群热衷于飞机模型的学生对塞缪尔的加入很感兴趣，因为塞缪尔具有关于气流方面的知识和浓厚兴趣。加入飞机模型兴趣组，对于塞缪尔自身而言也有一定的好处，因为在这里可以学到有关航空学、工程学和模型制作的知识，并将这些作为一种休闲娱乐的方式。

上文中呈现的案例，将有助于教育工作者重新思考学生的兴趣爱好，改变已有的观念，将学生们的兴趣爱好作为"发射台"、"跳板"或"桥梁"。你可以从学生的某一个兴趣点入手，并不断思考如何把这一兴趣点扩展至新的领域，开发其他兴趣、增加技能并提升能力。正如钱德勒老师为拉伊所做的努力，你可以建立一种新知识的连接，从学生的兴趣领域入手。

❤ 问：如果不可能将学生的兴趣领域与教学内容或支持相联系，该怎么办？

答：没有什么不可能！正如爱因斯坦所说，"想象力比知识更重要"。创造性的思考，摆脱束缚和枷锁才能提出新颖的解决办法。我们认识几位学生，他们的兴趣爱好或所感兴趣的物品极不寻常。学生们的兴趣各有不同，无论是孤独症人士还是普通人。

如果你感觉到很难将学生的兴趣领域融入课程，那就尝试利用网络搜索相关主题，或考虑一下为每位学生尝试这样的网络搜索。这种方法可以引导你浏览网站、寻找资源、探访相关组织或咨询那些有想法的人，基于此，为学生建立兴趣和学习之间的联系。

如果网络搜索无法给你更多的启发，你依旧无法发现兴趣爱好与课程、教学、支持或教学环境之间的联系，也可以让学生按照自己的方式追求感兴趣的领域。研究项目、额外的学习机会、独立的研究、师徒结对和实习都是理想的选择。老师还可以考虑走出教室以激发学生的兴趣，实地考察活动、社区群组、地方或国家层面的会议都有可能引起学生的兴趣。扎西、夏皮罗·巴纳德和罗赛蒂与大家分享了一个故事，故事的主人公特别喜欢收集汽笛，由于这是一种非常特别的兴趣，故事的主人公不得不在外面不断地寻找，并前往莫斯科参加国际汽笛大会。这个故事说明每个人都会有自己感兴趣的事物。无论学生喜欢什么，只要有人愿意教、愿意建立联系、愿意提供支持，都会在其他地方找到与其兴趣相投的人。

问：我知道尊重学生的选择，对其所钟爱的事物持有积极的态度较为重要，但如果他们太过沉迷于自己的兴趣领域，我们应该怎么做？是否可以尝试拿走孩子的兴趣物？

答：我们可以通过与学生协商何时以及如何接触自己感兴趣的事物，促使他们高质量地完成任务并获得成功。学生们常需要透过某些特定的材料、活动、行为和兴趣领域得到放松、维持注意力或与他人沟通。即使我们无法清楚地了解到兴趣物是如何发挥作用的，但孤独症学生经常可以利用自己的兴趣达到某些目的，其中包括逃避困难、获得独处的时间、安静或欣赏。

唐娜·威廉姆斯认为，在现实生活中，理解、接受并以兴趣点为基础不仅有利于孤独症群体，对非孤独症群体同样有益。

> 与其剥夺孤独症人士喜爱的物品，不如分享其可以理解的领域。有些人真的需要问问自己是否可以对差异多一些容忍，不仅仅是以"照料"的态度对待孤独症人士，而是看到孤独症人士的"真我"。（P.229）

我们应该认识到，某些孤独症人士偶尔会主动提出花较少的时间接触感兴趣的事物，甚至是回避自己感兴趣的事物。这种情况下，老师应该尊重学生，支持他们这样做，并尽量配合协助，同时密切与学生之间的合作。

可笑的是，一些老师决定限制或消除学生的兴趣。我们认为，如果学生不在意失去自己感兴趣的事物，老师就应该对这名学生的兴趣物重新做评估。尤金·马库斯，有孤独症，是一名作家，同时也是一位老师。他告诉我们，兴趣爱好在他的生活中发挥了重要的作用，尽管有时候这些兴趣爱好会带来一些阻碍或引起他的不安，但他坚持认为必须由自己"管理"自己的关注点。而且，他所谓的"强迫行为"既是一种挑战又具有一定的意义。

> 我的生活很充实，那些束缚我的兴趣爱好，让我的生活充满生机。我认为束缚是一种自发的体验，没有人要求我如此沉迷，而是允许我放纵追求。
>
> 我的愿望就是有一天可以毫无束缚地展现自己的强迫行为，但近期还无法实现。我已经了解到了朋友们（无论是熟悉的或不熟悉的）的忍受极限。我的强迫行为是一种长效的防御机制，用以抵抗那些无法理解

我真实想法的人。（P.8）

有关马库斯个人经历的描述，其目的是分享有效的方法帮助有强迫行为的人。阻止反抗行为的出现，支持孤独症人士找到多种方法掌控自己的生活。

强迫行为也可以是一种有用的"武器"，但正如各类武器一样，可能会存在滥用或误用的问题。我十分期待，有一天我可以掩埋我的武器，毫无束缚地生活在这个世界上。也许，到那时，人们将会更容易看到那个隐藏在盔甲之后的人。如果有一天人们能够放弃对我们施加控制的意愿，那么，我将放弃强迫行为。（P.8）

利亚纳·霍利迪·威利有阿斯伯格综合征。她认为人们应该严肃坦率地讨论痴迷问题的好与坏，而不是试图完全限制孤独症人士的刻板兴趣或特殊爱好。威利的女儿也有阿斯伯格综合征。威利与我们分享了如何恰当地利用兴趣物教育自己的女儿。

慢慢地、耐心地、一步步地，我们帮助她找到痴迷的好处与坏处。我们告诉她："如果学校里的某件事或某物让你感觉很糟糕，那么，你可以拿出猴子玩具。"我还会告诉她："这周如果你努力控制自己的情绪，就可以得到与猴子有关的书籍。"我们还会提醒她："你的作业还未完成，因此，现在不能进行玩具猴子分类这一活动。"最终，她会自己独立完成这些事。（P.125）

当然，这些方法同样适用于没有语言交流的学生。如果想要限制个体接触兴趣物的时间，首先应该让他们知道何时何地何种情况下，他或她可以再次得到自己的兴趣物。我们有必要告诉学生暂时中止一些活动的原因；这就意味着要与没有语言回应的学生交流。在这个过程中，我们要让孩子们感受到我们的真诚和友好，让学生们意识到我们非常重视他们的兴趣爱好。

换句话说，如果必须限制，那么你应该以一种富有善意和创造性的方式去做。芭芭拉·莫兰是我们的一位同事，也是我们的好朋友，她对自己儿时的兴趣遭到不恰当地限制的经历仍记忆犹新。因此，她要求我们提醒老师不要强行限制孩子们的兴趣，因为这样做既粗鲁又无效（B.Moran，私人对话，2007）。她记得自己的兴趣不仅没有得到重视，反而还会时不时遭到惩罚。莫兰表示，这太讽刺了，"其实只要他们让我能随时看到大教堂的照片（她的爱好），我就会去做那些他们希望我做的破事！"

问：将如何兴趣作为跳板或基石的这种方法用于家庭教育？父母在家应该怎样做？

答：书中的大部分案例来源于家庭，读者们一点也不会觉得奇怪。因为了解并疼爱孩子的父母通常会在老师介入之前，就会思考该如何利用孩子的兴趣对其施以引导。家长们的这一做法，最有可能是因为家长有机会在不同环境中给予孩子支持，家长们意识到了"兴趣爱好"对于儿童的重要性。

这本书中分享的观点或方法非常容易迁移到家庭和社区环境。例如，我们给出的标准化课程条件下的案例，也可以用于周末补习学校，而关于融合教育的观点和方法也可以在学生的卧室或家中使用。我认识一位母亲，她使用这些方法支持儿子的休闲娱乐活动，并增进了家庭和谐。下面的这个例子，是这位母亲学习"给他鲸鱼就好"这一理念之后发给我的一封邮件。

> 我的儿子痴迷于洗衣机和烘干机。我花费大量的时间尝试转移他的注意力，因为只要地下室里洗衣机开始运转他就全神贯注地盯着看。我过去会锁住地下室的门，但是他现在比我高，又比我聪明，怎么办？

巧用孤独症学生兴趣的20个方法

在参加完"尊重兴趣"的研讨会之后,她与我们分享了自己的经历。回家后,她找到儿子经常翻看的一本杂志。她一度认为这本杂志中有关于前开门机器的广告,但最终发现自己错了。

翻开杂志,我发现了一篇足足有5页的文章,其内容是关于重新装饰你的洗衣房。我开始读这篇文章给他听,不出意外,他开始兴奋起来。我们将这几页纸保存起来,并开始讨论篮子、机器和洗衣房用品的尺寸和颜色。我俩甚至决定,爷爷下个月从佛罗里达回来后,请他帮忙重新装修我们的洗衣房。尽管孩子的父亲对此有所顾虑,但我让他也参与进来。我请他帮忙寻找机器的操作手册和光盘,这一举动引得儿子兴奋不已,这种兴奋状态会让你以为是圣诞节到了,但实际上,他从不会因为圣诞节或生日礼物感到兴奋。因此,我计划前往商场领取一些广告、小册子以及操作手册,并以洗衣机和烘干机作为媒介来教授我所能想到的所有概念。

很明显,家庭不仅具备贯彻这些理念的条件,而且还能为教育者提供有效的经验分享。我们希望,本书中的一些想法和做法能够促成新型的家校合作关系,并且给教育小组机会,帮助他们为课程与教学、家庭与学校的联结提供更加有效的支持,同时为学生提供了成长、学习和发现快乐的机会。

问:在我的学校,我们将学生的兴趣物作为良好行为的奖励,而不是教学和支持的工具。改变这一实践策略对我们而言极其困难。你是如何说服自己的同事改变已有想法的?

答:如果学生仅仅是将主要的兴趣物作为良好行为的奖励,那么可能是要求过高,对于许多学生来说无法达到。如果学生没有得到或失去他或她的奖励物,那么,他或她这一整天都会很糟糕、发脾气、沮丧或抑郁。因此,最初用于强化其良好行为的奖励物，则变成了一种惩罚（有时候问题行为会进一步升级）。

我们能够理解，将一种新的理念或观点传播给你的同事并不是一件容易的事。最初阶段，并非所有人都愿意去探索新鲜事物，但是如果你能够将这些基于兴趣的策略视为一种乐趣，让人们去发现或作为一种创造性的、新颖的甚至是革命性的工作，一些愿意尝试、重视创新的同事也许会尝试使用这些策略。

此外，你可以请同事想一想自己的生活或经历。提醒他们，利用学生的兴趣点作为教学和支持的工具或媒介，最简单的原因就是所有人，不论年龄，如果在他一天工作中那些活动、责任或期待与自己的兴趣领域相关联，那么大家都会努力做到最好。许多非障碍人士（特别是有糟糕工作经历的人）都能够将一天的活动与动机和鼓励的需求相联结。

最后，你还可以通过分享教育中的成功案例来呼吁小组的同事们。《最佳的实践：今日美国学校教学和学习的标准》（*Best Practice: Today's Standards for Teaching and Learning in America's Schools, 3rd Edition*, 2005）一书中，泽梅尔曼、丹尼尔和海德给出这样的结论：学生的课程应该考虑在作业任务、活动和项目中包含持续性的选择和输入。因此，通过兴趣、爱好和热情增强学生学习动力这一结论得到了研究和实践的支持，科学、社会研究、数学、语言艺术以及其他学科领域的专家都推荐并支持这种做法。

问：在校期间，如果我给予学生一定的时间去接触自己的兴趣物，规定的时间到了，需要转换到其他事情时，应该如何让学生们暂停接触兴趣物？

答：在学校里，老师发现了一些学生的兴趣领域，这种喜悦的体验对于这些学生而言是难以控制的。为此，老师可以采取一些策略，例如，为学生提供选择的机会，让他们决定如何利用某一时间段。老师也可以让学生灵活地选择他们何时何地可以使用自己的兴趣物。老师可以借此保证学生情绪稳定和身心放松。如果学生需要视觉支持或教学策略帮助其转换活动、材料或主题，可以在一日活动中创建有效的策略或工具，从而达到上述目的。有效的策略或工具包括但不限于日程表、计时器、提示物（接触兴趣物的持续时间）以及具体的说明（个体何时、如何才能重新得到兴趣物）。

与此同时，次级兴趣（不是排在首位的兴趣）也可以作为学生的强化物。在学生完成一天中最喜欢的活动之后，你可以为他提供次级兴趣物，从而保证平稳的活动转换，顺利过渡到下一个活动。本书中，我们讨论在不同的学科和活动领域插入主题可以有助于活动转换。例如，如果塔妮娅热衷于《绿野仙踪》，她将非常愿意花时间阅读书籍甚至是剧本，也有可能会根据书籍和电影的描述，制作书中正反两派人物的海报。在数学课上，她可以使用剧中人物的名字解决数字故事问题；在科学课上，许多内容都与书中的概念相关，例如，化学品（魔法药）、发明（热气球）和自然（暴风）。随着学生熟悉并适应教室的环境，他们才会敢于"冒险"，他们可能非常容易地接触到自己的兴趣领域。我们越频繁地建立兴趣与新知识之间的联系，就越容易为学生的教育经历注入创新的内容。

问：如果学生的兴趣改变了怎么办？学生们所热衷的事物会伴随其终生吗？

答：我们每个人可能都有一个浓厚的兴趣，这个兴趣可能会保持不变，也可能会改变或逐步发展。无论学生目前到底有何种兴趣，这本书中提到的策略和案例都可以帮助你接纳、支持和建立融洽的关系。打开通往兴趣的大门，支持学生去探索新的兴趣，这正是有效教学的核心所在。例如，本书开头提到的故事主人公多多已经有了新的兴趣，从关注鲸鱼转变为关注风车（也许这本书的续集可以命名为"给他风车就好"）。明智的老师将会推崇"改变就是好事"这一理念，他们会为多多提供新的机会和方法，帮助他在课程中探索风车。风车、发电机和发动机会被嵌入多多的课程当中，正如原来老师会把鲸鱼嵌入他的课程中一样。与此同时，班级中的其他同学仍可以一如既往地为多多提供支持。如果鲸鱼演变为次级强化物，根据兴趣和需求，仍可以将其嵌入课程之中。一旦这种方法应用于某位学生，下一次在这个班级用于同一人或其他人就会显得十分容易。广阔的视野和开放的思维会给学习者带来全新的想法，也很可能让你成为令学生们终生难忘的老师，不仅教书育人、提供支持，更会鼓舞与启发学生。

推荐阅读

多多的鲸鱼（*Perdo's Whale*），[美]葆拉·克拉思（Paula Kluth）、[美]帕特里克·施瓦茨（Patrick Schwartz）著，王漪虹译，华夏出版社，2017.3

不一样也没关系（*Why Johnny Dosen't Flap NT is OK!*），[美]克莱·莫顿（Clay Morton）、盖尔·莫顿（Gail Morton）著，[英]亚历克斯·梅莉（Alex Merry）绘，王漪虹译

我的孤独症朋友（*My Friend with Autism*），[美]贝弗莉·毕晓普（Beverly Bishop）著，[美]克雷格·毕晓普（Craig Bishop）绘，王漪虹译

"你会爱上这个孩子的"：如何在融合教室中教育孤独症学生（*"You're Going To Love This Kid!"*），[美]葆拉·克拉思（Paula Kluth）著，屠彬、张哲译，华夏出版社，2017.8

社交故事新编（十五周年增订纪念版）（*The New Social Story Book*），[美]卡萝尔·格雷（Carol Gray）著，鲁志坚译，华夏出版社，2019.1

阿斯伯格综合征完全指南（*The Complete Guide to Asperger's Syndrome*），[英]托尼·阿特伍德（Tony Attwood）著，燕原、冯斌译，华夏出版社，2012.8

我心看世界：天宝解析孤独症谱系障碍（第5版）（*The Way I See It*），[美]天宝·格兰丁（Temple Grandin）著，燕原译，华夏出版社，2023.9

男孩肖恩：走出孤独症（*There's a Boy in Here*），[美]朱迪·巴伦（Judy Barron）、肖恩·巴伦（Sean Barron）著，池朝阳译，华夏出版社，2024.1

我很特别，这其实很酷！（*Freaks, Geeks and Asperger Syndrome*），[英]卢克·杰克逊（Luke Jackson）著，陈烽、闫琴琴译，华夏出版社，2023.3

孤独症大脑：天宝解析孤独症谱系障碍研究新进展（*The Autistic Brain*），

[美]天宝·格兰丁（Temple Gradin）、[美]理查德·潘内克（Richard Panek）著，燕原译，华夏出版社，2024.9

虚构的孤独者：孤独症其人其事（*Autism and the Myth of the Person Alone*），[美]道格拉斯·比克伦（Douglas Biklen）著，池朝阳译，华夏出版社，2015.1

用图像思考：与孤独症共生（*Thinking in Pictures*），[美]天宝·格兰丁（Temple Grandin）著，范玮译，华夏出版社，2014.1

故作正常（*Pretending to Be Normal*），[美]利安娜·霍利迪·威利（Liane Holliday Willey）著，朱宏璐译，华夏出版社，2017.1

译后记

距离《巧用孤独症学生兴趣的 20 个方法》中文版的首次出版已经过去了近八年的时间。这八年的时间里，无论是在孤独症儿童家长的专业培训中，还是在特殊教育和融合教育一线教师的培训中，亦或是在高校的科研和教学中，孤独症儿童的重复刻板行为和狭窄兴趣都是热点话题之一。孤独症儿童的"特殊兴趣"以及由此衍生的系列行为表现，对于特殊教育教师、融合教育教师以及儿童家长而言都是一种挑战。当我们面对这一挑战时，首先要清楚地意识到孤独症学生的行为具备一定的功能，我们的工作就是从学生所处的环境入手，找到行为背后的功能。在此基础上，秉承"堵不如疏"的理念，从学生的兴趣和特长入手，引导学生发展出具有社会功能的良好行为。

在过去的几年里，我有幸在多个领域深入研究孤独症儿童的行为和沟通支持。2014 年，我从华东师范大学特殊教育系硕士毕业，随后加入上海市浦东新区特殊教育学校，担任孤独症教学与研究小组组长，负责孤独症学生的教学和研究工作。这段经历让我深刻体会到，孤独症儿童的教育不仅需要家长和教师的耐心与爱心，更需要专业系统的知识和技能。2020 年，我赴美国宾夕法尼亚州立大学特殊教育专业攻读博士学位，进行了系统的学习，对孤独症儿童行为和沟通支持也有了更深的理解。2024 年，获得博士学位后，我进入美国密西西比州立大学教育学院继续从事孤独症儿童的研究和教学工作。目前，我的研究方向主要集中在孤独症儿童的行为和沟通支持，为在职和职前教师以及家长提供专业培训。我还开设了特殊教育辅助技术、积极行为干预和支持、特殊儿童个别化教学等课程，为特殊教育和普通教育专业的本科和研究生授课。

多年来研究与教学的经历让我坚信，孤独症儿童的教育需要多方面的支持与合作。无论是教师、家长还是专业人员，都需要不断学习和创新，只有这样才能更好地理解和帮助这些孩子。《巧用孤独症学生兴趣的 20 个方法》一书正是基于此为所有关心孤独症儿童的人提供实用的策略和方法。无论您是特殊教育教师、普通教育教师、高校相关专业教师或学生，还是孤独症儿童家长，相信本书都能让您对孤独症儿童的重复刻板行为和狭窄的兴趣有新的了解，并创新地使用有效的策略，进而支持和帮助孤独症儿童。

希望本书能让家长和老师以全新的视角理解孩子的兴趣爱好，与孩子建立平等和谐的关系，共同进步，从而为更多的孤独症儿童和家庭带来希望和改变。

梁志高

2025 年 2 月 8 日

关于作者

葆拉·克拉思博士具有多重身份，包括顾问、教师、作家、倡导者和独立学者。她的职责就是和教师与家长共同努力，给残障学生提供融合的机会，并为所有学生创造更积极、更有责任感的教育经历。她的研究和专业兴趣包括差异教学、孤独症学生的支持策略以及重度残障学生的融合教育。

葆拉是一名特殊教育工作者，担任过班主任、咨询教师以及融合教育协调员，与K-12学校、幼儿园和早期干预机构的老师们一起工作。此外，她定期参与家长组织、残障人士维权与倡导组织的活动。葆拉博士的著作颇丰，包括《你会爱上这个孩子的》[1]《多多的鲸鱼》[2]等。更多关于葆拉博士的信息，详见其个人网站（http://www.paulakluth.com）。

---

[1] 编注：《你会爱上这个孩子的：在融合课堂中教育有孤独症的学生》（"You're Going to Love This Kid!": Teaching Students with Autism in the Inclusive Classroom:2ed），[美]葆拉·克拉思，[美]帕特里克·施瓦茨著，屠彬、张哲译，华夏出版社，2017年。

[2] 编注：《多多的鲸鱼》（Pedro's Whale），[美]葆拉·克拉思，[美]帕特里克·施瓦茨著，王漪虹译，华夏出版社，2017年。

关于作者

帕特里克·施瓦茨博士是美国国家路易斯大学（芝加哥）特殊教育系教授，也是该校多元学习和发展中心的主席、芝加哥地区公众服务的主管，此外，他还通过创造型文化咨询公司在世界范围内传播理念。他与葆拉博士共同编著了《从障碍到可能：融合教育的力量》和《不用谢：关于融合教室的30个奇思妙想》，这两部著作启发世界各地的教师以帮助所有儿童的方式重新定义融合。

施瓦茨博士专注于为需要支持的个体提供进一步的教育和服务，以帮助他们改善现状。他一直致力于促进个体成功参与多种环境，鼓励个体积累有意义的体验并发挥积极的作用。

关于译者

梁志高，博士，助理教授。

2014年硕士毕业于华东师范大学特殊教育系并入职上海市浦东新区特殊教育学校担任孤独症教学与研究小组组长，负责孤独症学生的教学和研究工作。

2020年赴美国宾夕法尼亚州立大学特殊教育专业攻读博士学位。

2024年获得博士学位并入职美国密西西比州立大学教育学院。

目前研究方向为孤独症儿童的行为和沟通支持，在职和职前教师线上专业培训和家长培训。教学方面主要为特殊教育和普通教育专业本科和硕士生开设特殊教育辅助技术，积极行为干预和支持，特殊儿童个别化教学等课程。

梁爽，毕业于华东师范大学特殊教育系，教育学硕士。

2014年至今就职于上海市浦东新区特殊教育学校养护部，担任班主任和语文教师。

"Just give him the whale!": 20 Ways to Use Fascinations, Areas of Expertise, and Strengths to Support Students with Autism

Originally published in the United States of America by Paul H. Brookes Publishing Co., Inc.

Copyright © 2008 by Paul H. Brookes Publishing Co., Inc

北京市版权局著作权合同登记号：图字 01-2015-7013 号

图书在版编目（CIP）数据

巧用孤独症学生兴趣的20个方法 ："给他鲸鱼就好！"/ （美）葆拉·克拉思(Paula Kluth)，（美）帕特里克·施瓦茨(Patrick Schwarz)著；梁志高，梁爽译. -- 北京：华夏出版社有限公司，2025. -- ISBN 978-7-5222-0891-6

I. G766

中国国家版本馆 CIP 数据核字第20252GQ879号

巧用孤独症学生兴趣的 20 个方法："给他鲸鱼就好！"

作　　者	[美] 葆拉·克拉思　[美] 帕特里克·施瓦茨
译　　者	梁志高　梁爽
策划编辑	刘娲
责任编辑	马佳琪
出版发行	华夏出版社有限公司
经　　销	新华书店
印　　装	三河市少明印务有限公司
版　　次	2025 年 5 月北京第 1 版　2025 年 5 月北京第 1 次印刷
开　　本	710×1000　1/16 开
印　　张	9.5
字　　数	150 千字
定　　价	49.00 元

华夏出版社有限公司　地址：北京市东直门外香河园北里 4 号　邮编：100028
网址：www.hxph.com.cn　电话：(010) 64663331（转）

若发现本版图书有印装质量问题，请与我社营销中心联系调换。